Aloysius Jin
Christus in China

ALOYSIUS JIN

Christus in China

Der Bischof von Shanghai im Gespräch
mit Dominik Wanner und Alexa von Künsberg

Begleittexte von Thomas Zimmer
Mit 36 farbigen Abbildungen

HERDER

FREIBURG · BASEL · WIEN

MIX
Papier aus verantwor-
tungsvollen Quellen
FSC® C106847

Originalausgabe

© Verlag Herder GmbH, Freiburg im Breisgau 2012
Alle Rechte vorbehalten
www.herder.de
Umschlaggestaltung: Christian Langohr, Freiburg
Satz: post scriptum, Emmendingen/Hinterzarten
Herstellung: fgb · freiburger graphische betriebe
www.fgb.de
Printed in Germany

ISBN 978-3-451-30671-6

Inhalt

Gebet zu Unserer Lieben Frau von Sheshan von Papst Benedikt XVI.

Heilige Jungfrau Maria, Mutter des menschgewordenen Wortes
Gottes und unsere Mutter,
du wirst im Heiligtum von Sheshan als »Hilfe der Christen« verehrt,
auf dich schaut mit Andacht und Liebe die ganze Kirche in China,
zu dir kommen wir heute, um dich um deinen Schutz anzuflehen.
Richte deine Augen auf das Volk Gottes und führe es mit mütterli-
cher Sorge
auf den Wegen der Wahrheit und der Liebe, damit es unter allen
Umständen
Sauerteig für ein harmonisches Zusammenleben aller Bürger sei.

Bereitwillig hast du in Nazareth dazu Ja gesagt,
dass der Ewige Sohn Gottes in deinem jungfräulichen Schoß Fleisch
annehme
und so das Werk der Erlösung in der Geschichte beginne.
Mit großer Hingabe, bereit, deine Seele vom Schwert des Schmerzes
durchdringen zu lassen,
hast du dann an diesem Werk der Erlösung mitgewirkt
bis zu jener äußersten Stunde des Kreuzes, als du auf Golgota aufrecht stehen bliebst
neben deinem Sohn, der starb, damit die Menschheit lebe.

Von da an bist du auf neue Weise zur Mutter all jener geworden,
die im Glauben deinen Sohn aufnehmen
und bereit sind, ihm zu folgen und sein Kreuz auf die Schultern zu
nehmen.
Mutter der Hoffnung, die du in der Dunkelheit des Karsamstags
mit unerschütterlichem Vertrauen dem Ostermorgen entgegen-
gegangen bist,
schenke deinen Kindern die Fähigkeit, in jeder Situation,

mag sie auch noch so düster sein, die Zeichen der liebenden Gegenwart Gottes zu erkennen.

Unsere Liebe Frau von Sheshan, unterstütze den Einsatz all derer,
die in China unter den täglichen Mühen weiter glauben, hoffen und lieben,
damit sie sich nie fürchten, der Welt von Jesus und Jesus von der Welt zu erzählen.
An der Statue, die über dem Heiligtum thront, hältst du deinen Sohn hoch
und zeigst ihn der Welt mit ausgebreiteten Armen in einer Geste der Liebe.
Hilf den Katholiken, stets glaubwürdige Zeugen dieser Liebe zu sein,
indem sie mit dem Felsen Petrus vereint bleiben, auf den die Kirche gebaut ist.
Mutter von China und von Asien, bitte für uns jetzt und immerdar. Amen.

Vorwort
von Erzbischof Gerhard Ludwig Müller

Liebe Leserin, lieber Leser,

oft schon wurde das 21. Jahrhundert als das »Asiatische Jahrhundert« bezeichnet. Völker wie China, Indien, Indonesien oder Korea entwickeln sich rasend schnell, die Bevölkerung in Asien wächst ebenso, die politische und wirtschaftliche Macht wird neu verteilt. Auch die Kirche muss sich auf diese Herausforderung einstellen und wird Antworten finden. Doch anstatt die aufstrebenden Völker zu belehren, wird es sehr wichtig sein, zunächst hinzuhören und zu lernen. Man muss verstehen, wie diese Völker denken und welche Geschichte sie durchlebt haben. Gerade bei einem Land wie China, dessen Geschichte mehr als 4.000 Jahre zurückreicht, ist das unerlässlich. Respekt vor der chinesischen Kultur und die Freude auf einen lebendigen Austausch gehören zusammen.

Daher ist das Buch, das Sie in Ihren Händen halten, in zweifacher Hinsicht eine Premiere: Zum ersten Mal äußert sich Bischof Aloysius Jin ganz detailliert zu seinem Leben in Form eines Gesprächs, das er über mehrere Jahre mit den Autoren geführt hat. Dominik Wanner und Alexa von Künsberg, die ich beide seit langer Zeit persönlich auch kenne und schätze, haben sich auf den Weg zu einem Mann gemacht, der die Kirche in China kennt wie kein anderer. Er hat mit ihr gelebt und gelitten, gefeiert und gerungen. Ihm zuzuhören ist eine der besten Lehrstunden über die Situation, in der sich die Kirche in China befindet. Bischof Aloysius Jin war vielen in seinem Land ein wichtiger Lehrer und ist heute einer der angesehensten Vertreter und Ansprechpartner im chinesischen Episkopat. Daher können wir von ihm so viel über China, die Kirchengeschichte, die Befindlichkeit der Kirche in China von gestern, heute und morgen erfahren.

Aber auch in einer anderen Hinsicht ist das Werk eine Premiere: Zum ersten Mal äußert sich Bischof Aloysius Jin in deutscher

Sprache so ausführlich zu seinem Leben, das mittlerweile mehr als 96 Jahre umfasst. Er ist seit vielen Jahrzehnten sehr eng mit Deutschland verbunden, hat sehr viele Freunde in Deutschland, die ihn in guten, wie auch in schlechten Zeiten stets unterstützt hatten, und war oft auf Reisen in Deutschland. Daher freut es mich umso mehr, dass Sie dieses wichtige Zeitzeugnis in Händen halten.

Bereits für das nächste Jahr haben wir die Herausgabe der »Katholischen Dogmatik«, die ich vor vielen Jahren zunächst in deutscher Sprache verfasst hatte, in chinesischer Sprache vorgesehen. So möchte auch ich meinen Beitrag dazu leisten, dass der Austausch innerhalb der Weltkirche gerade im Hinblick auf das wichtige Land China mit seiner reichen Kultur und Geschichte noch intensiver wird.

Der Heilige Vater hat in seinem Brief an die Kirche in China bereits im Jahr 2007 darauf hingewiesen, wie wichtig die Einheit und der gegenseitige Respekt untereinander sind. Gerade die Situation in China mit ihrer sehr differenzierten Entwicklung und Geschichte erfordert viel Fingerspitzengefühl und Weitsicht, aber auch Mut und Entschlossenheit. Bischof Aloysius Jin hat alle seine Talente immer für die Kirche eingesetzt. Daher wünsche ich diesem spannenden Buch viele Leser.

Rom, am Hochfest Mariä Aufnahme in den Himmel 2012
† Gerhard Ludwig Müller, Erzbischof
Bischof em. von Regensburg

Vorwort
von Bischof Joseph Ma Yinglin

>»Wir wissen aber, dass denen, die Gott lieben,
>alle Dinge zum Besten dienen, denen, die nach
>dem Vorsatz berufen sind.« (Römer 8,28)

Bischof Jin Luxian ist einer der herausragenden Vertreter unter den älteren Hirten der katholischen Kirche in China. Ein ganzes Leben lang hat er seine Energie und Weisheit ohne die geringsten Vorbehalte für das Wohl des von ihm zutiefst geliebten Vaterlandes und der Kirche eingesetzt. Sein Wirken war segensreich für die Sachen der christlichen Kirche in China, und er hat einen überragenden Beitrag für die gesunde Entwicklung der Gemeinde in Shanghai geleistet.

Das von Dominik Wanner und Alexa von Künsberg vorgelegte Gesprächsbuch ist aus einem europäischen Blickwinkel heraus verfasst worden. Es breitet vor dem Leser den Glauben und die vorausschauende Weisheit eines betagten Bischofs aus, der einer antiken östlichen Zivilisation und einer modernen Metropole entstammt. In dem Buch spiegeln sich außerdem die gleichermaßen von Mühe ebenso wie von glänzenden Erfolgen gekennzeichneten historischen Prozesse der Nation und der Gemeinde des Bischofs im vergangenen Jahrhundert wider.

Bischof Jin ist innerhalb der chinesischen Kirche und unter den katholischen Bischöfen weltweit der einzige rechtmäßige Gemeindebischof in dem hohen Alter von 96 Jahren. Er hat über lange Zeit hinweg führende Posten innerhalb der höchsten katholischen Leitungsbehörden in China innegehabt – nämlich der Patriotischen Vereinigung der Katholischen Kirche Chinas und der Chinesischen Bischofskonferenz. Er hat sich eingesetzt für die Anpassung und die Verschmelzung des christlichen Glaubens mit der chinesischen

Gesellschaft und Kultur und darüber hinaus die Verbreitung des Evangeliums in China vorangebracht. Mit überragender Wirkung hat er weiterhin mit Shanghai eine der größten katholischen Gemeinden Chinas geleitet und ist dabei zu einem Vorbild für die Bischöfe der katholischen Gemeinden in China geworden. Er ist ein bekannter religiöser Führer in China, der die Liebe zum Vaterland und zum Glauben miteinander verbindet. Ebenso wie er den weltweiten Glauben der katholischen Kirche entschlossen geschützt hat, brachte Bischof Jin den Prozess der Indigenisierung der katholischen Kirche in China voran. Er hat überragende Beiträge dabei geleistet, dass die katholische Kirche besser mit der chinesischen Gesellschaft verschmilzt. Bischof Jin hat seinen besonderen Status und seinen außergewöhnlichen Einfluss dazu genutzt, den Aufstieg der Nation voranzubringen, und er hat unermüdliche Anstrengungen darauf verwendet, das Glück der Menschen und das harmonische Zusammenleben in der Gesellschaft zu fördern sowie die Entwicklung der Kirche zu unterstützen. Er hat sich damit die ehrliche Verehrung und den Respekt durch seine Landsleute in China ebenso wie durch die Freunde in aller Welt erworben.

Bischof Jin ist der Gründer des Priesterseminars am Sheshan-Berg in Shanghai, in der Vergangenheit war er zudem der Direktor der Erziehungskommission für die Priesterseminare innerhalb der Chinesischen Bischofskonferenz. Er hat keine Mühen gescheut, um die Ausbildung des geistlichen Personals der Kirche weiterzubringen, die Zahl seiner Schüler ist geradezu enorm. Als Student des Priesterseminars am Sheshan-Berg sind mir seine Ausbildungsbemühungen und Belehrungen unvergesslich. Als ich ihm etwa am 5. Juni dieses Jahres in seiner bischöflichen Residenz in Shanghai meine Aufwartung machte, habe ich von ihm ein weiteres Mal die sehnlich erwünschten Segnungen bekommen und erneut Ansporn erfahren. Humorvoll brachte er zum Ausdruck, dass er sich schäme, es in der Vergangenheit nur zum stellvertretenden Vorsitzenden der »Vereinigung und Konferenz« gebracht zu haben.[1] In der Tat verhält es sich so, dass Bischof Jin bereits zwei Generationen an

Vorsitzenden der Katholischen Bischofskonferenz Chinas herangebildet hat (nämlich den verehrten und bereits verstorbenen Bischof Liu Yuanren und meine Wenigkeit). Auf der Nationalversammlung der Vertreter der katholischen Kirche Chinas, die 2010 in Peking abgehalten wurde, hat man Bischof Jin zum Ehrenvorsitzenden von »Vereinigung und Konferenz« ernannt. Innerhalb der katholischen Kirche Chinas hat Bischof Jin weiterhin eine wichtige Funktion inne und besitzt großen Einfluss.

Ich wünsche mir aufrichtig, dass die Leser durch dieses Buch diesen ehrenwerten alten Herren kennenlernen und dass wir gemeinsam – die Leser und ich – Bischof Jin und dem von ihm zutiefst geliebten Vaterland und der Kirche unsere von ganzem Herzen kommenden Segenswünsche darbringen und alle in unser Gebet einschließen.

Bischof Joseph Ma Yinglin
Bischof von Kunming und
Präsident der Chinesischen Bischofskonferenz

20. Juni 2012 zu Peking

---

1 Nach der chinesischen Berichterstattung kam es 1992 zur Restrukturierung der katholischen Kirche in China, die ursprünglich aus 3 Institutionen bestanden hatte: Patriotische Vereinigung der Chinesischen Katholischen Kirche; Administrativkommission der Chinesischen Katholiken; Chinesisches Bischofskollegium. Laut chinesischen Angaben ist daraus in der Folge als Institution eben die landesweite »Vereinigung und Konferenz« hervorgegangen. Die Steyler in St. Augustin sprechen von der seit 1992 leitend zuständigen »Bischofskonferenz« bzw. von der Offenen Kirche, merkten aber 2010 an, dass die Patriotische Vereinigung federführend sei.

Vorwort der Herausgeber

Liebe Leserin, lieber Leser,

früher hieß es: alle Wege führen nach Rom. Im Jahr 2012 gilt sicherlich auch: alle Wege führen nach Shanghai. In der Metropole, die über 23 Millionen Menschen beheimatet, zeigt die am Horizont aufsteigende Weltmacht China der Welt, wo es hinstrebt, nämlich ganz nach oben.

Als ich zum ersten Mal im Jahr 1997 als junger Student in diese Stadt kam, war mir – wie so vielen anderen – sofort klar, dass dieser Ort die Welt bewegen wird. So wie es Napoleon einst formuliert haben soll: »China ist ein schlafender Drache. Lasst ihn schlafen, denn wenn er sich erhebt, erzittert die Welt«. Wir sind derzeit Augenzeugen, wie der Drache erwacht, und Shanghai kann ohne Zweifel als der Kopf des Drachen bezeichnet werden. Um dieses einmalige Ereignis mitzuerleben, habe ich mich in dieser Zeit entschieden, mich in Shanghai niederzulassen – mein alter Jugendtraum, den ich schon mit 17 Jahren gefasst hatte, als ich in München am Gymnasium mit dem Erlernen der chinesischen Sprache begann.

Die Schattenseite des rasanten Aufstiegs dieser Stadt zeigt sich bei genauerem Hinsehen: Kommerz, die ewige Frage nach dem schnellen Reichtum und das Wetteifern mit Tokyo, New York, Singapur, London und Dubai um den dekadentesten Lebensstil. Wenn man sich eine Zeit lang hat beschallen lassen von dem Lärm aus Kommerz, Dekadenz und Presslufthämmern und den Blick wieder scharf stellt auf die Menschen und die Gesellschaft der Stadt, macht sich eine kulturelle und spirituelle Leere in der Stadt bemerkbar – für einen Katholiken ein sehr unbefriedigender Zustand.

Daher habe ich mich damals auf einen alten Freund besonnen, um mit ihm über das zu sprechen, was diese Stadt auch noch ausmacht: eine lange und bewegte Geschichte, gerade im 20. Jahrhundert. Und dieser Freund ist S. E. Bischof Aloysius Jin, den ich auch vor genau 15 Jahren bei meinem ersten Chinabesuch in Shanghai kennenlernen durfte. Eine Person und Persönlichkeit, die fast die gesamte Stadtgeschichte der Neuzeit in ihrem eigenen Leben vereint und noch dazu das genaue Gegenmodell zur inneren Leere des heutigen Shanghais ist. Er ist ein Shanghaier aus einer alteingesessenen katholischen Familie. Während des Ersten Weltkriegs wird er geboren, kurz nachdem der letzte Kaiser von China abgedankt hat und die Republik ausgerufen wurde. Er besucht eine Eliteschule, die von Jesuiten gegründet wurde, und erlebt die goldenen 20er Jahre von Shanghai, die Invasion der Japaner und den Zweiten Weltkrieg. Dann entscheidet er sich, Priester, Jesuit zu werden. In den späten 40er Jahren kommt er zum Studium nach Rom, erlebt den Vatikan und das kriegsgezeichnete Europa. Nach seiner Rückkehr wird er eines Nachts mit tausenden anderen Priestern festgenommen, verbringt 27 Jahre im Gefängnis und in Gefangenenlagern und wird nach seiner Entlassung Bischof von Shanghai. Jetzt leitet er die mit Peking vielleicht wichtigste Diözese in China, dem Riesenreich. Und das im hohen Alter von heute bereits 96 Jahren. Er verbreitet den Glauben in der Stadt und im Land, er druckt Millionen von Büchern, Messbüchern, Bibeln, er bildet Priester im berühmten Sheshan-Seminar aus, baut Kirchen in der Stadt und entwirft ein spirituell gefülltes Gegenmodell für seine Heimatstadt. Für ein Shanghai, das Weltstadt und Ort des Glaubens zugleich ist. Und das im kommunistischen China mit all seinen täglichen Herausforderungen an die Kirche, die offiziell nicht einmal Kontakt zum Heiligen Stuhl nach Rom hat. Eine unglaubliche Aufgabe, ein täglicher Kraftakt, den er nur bestehen kann, weil er eines seit fast 100 Jahren fest im Herzen hat und über fast 100 Jahre nicht verloren hat: seinen Glauben an den Herrn Jesus Christus.

Nun können Sie, liebe Leserin, lieber Leser, das eine oder andere Neue erfahren: über Shanghai, die Weltstadt von heute, China, die aufstrebende Weltmacht, die Chinamission, die Kaiserzeit, die kommunistische Staatsgründung, die goldenen 20er Jahre, wie die beiden Weltkriege China verändert haben, und vieles mehr – ganz einfach, indem S. E. Bischof Aloysius Jin sein Leben erzählt.

Viele dieser Gespräche habe ich mit meiner alten Münchner Schulfreundin Alexa von Künsberg geführt, angefangen haben wir damit bereits im Jahr 2006. Zusammen haben wir die Fragen erarbeitet, die Gespräche vorbereitet und sie mit S. E. Bischof Jin geführt, wir haben die Texte überarbeitet, recherchiert und die verschiedenen Themen des Buchs entwickelt. Es war eine sehr spannende Zusammenarbeit und nur so konnte das Buch, wie Sie es jetzt in den Händen halten, entstehen – ein Ergebnis vieler Unterhaltungen und intensiver Gedankenaustausche.

Aber auch das hätte noch nicht ausgereicht, um Ihnen ein umfassendes Zeitzeugnis zu präsentieren. Erst die Zusammenarbeit mit Professor Thomas Zimmer hat es zu einem fertigen Gesamtwerk werden lassen. Mit seinem Fachverstand und seiner Expertise als Sinologe konnten wir diejenigen Teile einsetzen, die noch gefehlt hatten, um Ihnen ein umfassendes Bild von Shanghai, China und der Kirche in China gestern und heute zu geben. Die erläuternden Einschübe mögen Ihnen dazu dienen, Hintergründe und Zusammenhänge nachvollziehen zu können, die S. E. Bischof Aloysius Jin in seinen Gesprächen als selbstverständlich voraussetzt. Ebenso soll auch das Glossar von Thomas Zimmer dazu beitragen, viele der genannten Orte und Personen noch besser zu- und einordnen zu können.

Gedankt sei an dieser Stelle auch ganz herzlich S. E. Erzbischof Gerhard Ludwig Müller, der über viele Jahre hinweg mit wichtigen Anregungen, Hinweisen und großer Hilfe das Buchprojekt unterstützt und auch ein Vorwort dazu verfasst hat. Ebenso gilt der Dank dem Vorsitzenden der Chinesischen Bischofskonferenz S. E. Bischof Ma, der ebenfalls freundlicherweise ein Vorwort zu unserem Buch verfasst hat. Ebenso auch Peter Seewald, der mit all seinem Erfahrungsschatz in der Frage von Buchveröffentlichungen jederzeit mit Rat und Tat zur Stelle war. Ausdrücklich sei Caroline Socha erwähnt und ihr gedankt für all die Mühen mit der finalen Zusammenstellung. Ohne ihre Hartnäckigkeit wäre das Buchprojekt nicht mehr zur Vollendung gelangt. Außerdem sei unserem Lektor Lukas Trabert und dem Verlag Herder für die Geduld und die große Hilfsbereitschaft und Unterstützung gedankt.

Zusätzlich gilt der Dank Pater Francisco Carin in Peking, der uns bei der Zusammenstellung der Fragen mit all seinem Chinawissen enorm unterstützt hat. Ebenso den Mitarbeiterinnen von S. E. Bischof Aloysius Jin, Mary Pan und Mary Yan, der Photographin Thereso WO Ye, die alle Bilder zur Verfügung gestellt hat, die in diesem Buch abgedruckt sind. Außerdem den Mitarbeitern von CBL International unter der Leitung von Philip Hockerts, die immer Verständnis dafür hatten, wenn eine Besprechung oder ein Termin mal wieder verschoben werden musste, weil ein Gespräch mit S. E. Bischof Jin Vorrang hatte. Last but noch least schulde ich meiner Verlobten Marilyn Xu größten Dank für ihre Geduld mit dem Buchprojekt. Es war sehr schön zu sehen, dass sie den Entstehungsprozess auch gleich dazu genutzt hat, selbst die Kirche mehr zu entdecken und sich in diesem Jahr in Shanghai taufen zu lassen. S. E. Bischof Jin war einfach nur glücklich, als er davon erfuhr und sah, wie sein Wirken ganz konkret Frucht brachte.

Jetzt darf ich Ihnen persönlich und auch im Namen der Ko-Autoren Alexa von Künsberg und Thomas Zimmer eine angenehme Lektüre wünschen.

Oxford, am Fest des Heiligen Dominikus 2012
Dominik Wanner

Aloysius Jin im Gespräch

Exzellenz, Sie haben 2012 Ihren 96. Geburtstag gefeiert. Was wünscht man sich als Bischof von Shanghai an einem solchen Tag?
Vor allem danke ich Gott. Gott hat mich immer gerettet und mir viel Gnade geschenkt. Gott hat aber auch Shanghai gesegnet. In den letzten 25 Jahren hat Gott seine Gnade reichlich in unserem Bistum wirken lassen. Deswegen habe ich Gott für all seinen Segen zu danken.

Wo spürt man die Gnade Gottes in Shanghai, der wohl lebendigsten Diözese Chinas?
Die Zahl der Katholiken in Shanghai wächst. Heute haben wir schon über 70 Priester in unserer Diözese und über 80 Ordensschwestern. Auch die mehr als 145 Kirchen und Kapellen, die wir in den letzten 25 Jahren in unserer Diözese gebaut haben, sind ein Zeichen von Gottes reichem Segen. Im gesamten China sind Ostern 2012 mehr als 22.000 Menschen katholisch getauft worden. Gott hat ganz China offensichtlich reich gesegnet in diesem Jahr 2012.

Aber haben Sie Ihren Geburtstag auch im Kreis von Verwandten und Freunden feiern können?
Ich habe meinen Geburtstag eigentlich nicht gefeiert. Ich habe den Tag wie jeden anderen gewöhnlichen Tag verbracht. Keine Feier, kein großes Essen, keine Gäste. Ich habe sozusagen *inkognito* gefeiert. Denn ob man an einem Tag Geburtstag hat oder nicht, ist nicht so wichtig. Jeder Tag ist ein Segen Gottes.

In was für eine Familie wurde Aloysius Jin vor fast 100 Jahren geboren? Wie können wir uns das heute vorstellen?
Ich wurde in eine sehr katholische Familie geboren. Meine Mutter war sehr, sehr fromm. Sie hat jeden Tag mit uns Kindern gebetet und ist jeden Tag in die heilige Messe gegangen, in einer alten chinesischen Pagode, die die Missionare zur Kirche umfunktioniert hatten. Auch den Rosenkranz haben wir von ihr gelernt und sie hat ihn sehr oft gebetet. Leider habe ich meine Mutter sehr früh ver-

loren – als ich zehn Jahre alt war. Mein Vater ist knapp vier Jahre später gestorben und meine ältere Schwester habe ich mit 18 Jahren verloren. Seit dieser Zeit habe ich keine Familie mehr, weil meine Schwester auch nicht verheiratet war. Mehr als 75 Jahre bin ich nun schon völlig ohne Familie oder irgendwelche näheren Verwandten. Ich habe weder direkte Verwandte noch Neffen, Nichten oder Cousins und Cousinen.

Wie kam es, dass Ihre Familie überhaupt katholisch geprägt war? Und wie kann man sich das Glaubensleben in Ihrer Familie damals vorstellen?

Man hat mir erzählt, dass unsere Familie schon mehr als zehn Generationen katholisch war. Angeblich hat einer meiner Urahnen für Xu Guangqi gearbeitet, ein Schüler von Matteo Ricci und später hoher Beamter in der Ming-Dynastie.

Republik China 1911–1949

Am 10. Oktober 1911 löste ein Militäraufstand in großen Teilen Zentral- und Südchinas den Sturz der Qing-Dynastie aus und führte damit zum Ende des Kaiserreichs. Somit entstand die Republik China, mit dem Anspruch, ein moderner, zivil geführter Nationalstaat zu werden.

Zu Beginn war Sun Yatsen, Gründer des Chinesischen Revolutionsbundes, an die Spitze der provisorischen Regierung getreten. Er suchte den Ausgleich mit dem Oberbefehlshaber der kaiserlichen Armee Yuan Shikai, der die Kontrolle über Nordchina ausübte. Yuan Shikai wurde Präsident der Republik China, der die Ideen Sun Yatsens allerdings nicht umsetzte. Der von Yuan unternommene Versuch zur Restauration der Dynastie endete mit seinem Tod 1916.

Die Republik zerfiel bis 1927 in einzelne voneinander getrennte und sich gegenseitig bekämpfende Regionen, die unter der Kontrolle einzelner Militärmachthaber mit eigenen Verwaltungen und Armeen standen. Peking blieb zwar nach außen hin die Hauptstadt des Landes und war formal der Sitz der Zentralregierung, doch konnte sich von hier aus kein größerer Einfluss über die Grenzen der Hauptstadt hinaus entfalten. Die Auslandsvertretungen behielten allerdings ihren Standort in Peking bei. In Tibet und Sinkiang nutzte man die Gelegenheit, sich aus dem von der Republik repräsentierten Staatsverband herauszulösen. Unter dem Einfluss der Russen gelang es auch der Äußeren Mongolei, unabhängig zu werden. Die ab 1914 von Japan besetzten Teile Chinas, wie etwa die ehemaligen deutschen Pachtgebiete um Tsingtau, wurden erst nach heftigen Protesten der »Bewegung des 4. Mai« im Jahre 1919 zurückerstattet. In dieser vor allem von Jugendlichen und Studenten getragenen Bewegung sammelten sich auf breiter Ebene nationalbewusste und erneuerungswillige Kräfte.

Marxistische Gruppen, die aus der »Bewegung des 4. Mai« hervorgegangen waren, gründeten 1921 die Kommunistische Partei Chinas (KPCh). Diese suchte zunächst eine Zusammenarbeit mit der republikanischen Kuomintang (KMT) unter Sun Yatsen. Als nach dessen Tod 1925 Tschiang Kai-shek die Macht übernahm, zerfiel das Bündnis schnell wieder. Tschiangs erfolgreiche militärische Kampagnen gegen die Warlords sicherten der KMT ihren Einfluss über große Teile des Landes und stärkten die Zentralgewalt. Die KPCh baute sich gleichzeitig in einzelnen über ganz China verstreuten Regionen Basisgebiete auf. Im Verlauf des Chinesisch-Japanischen Krieges 1937–45 war die KMT gezwungen, wichtige Küstenregionen aufzugeben und sich in die weiter im Westen gelegenen Gebiete zurückzuziehen. Zwar operierten die Nationalisten unter Tschiang Kai-shek in der ersten Phase des nach dem Ende des 2. Weltkriegs einsetzenden Bürgerkriegs zunächst aus einer überlegenen Stellung heraus, doch büßten sie nach und nach an Macht ein und waren 1949 gezwungen, nach Taiwan zu fliehen. Die KPCh rief am 1. Oktober 1949 unter Mao Zedong auf dem Festland die Volksrepublik China aus.

Das Glaubensleben war ganz von meiner Mutter bestimmt. Mein Vater ist nur einmal wöchentlich zur heiligen Messe gegangen. Als er sehr krank wurde, hat er die heilige Kommunion nur einmal im Jahr empfangen. Meine Mutter ist dagegen jeden Tag zur Messe gegangen und hat jeden Tag die heilige Kommunion empfangen. Unsere Mutter hat uns in unserem Glaubensleben sehr geprägt. Sie hatte sich immer gewünscht, dass ich eines Tages Priester werde. Das hat sie mir oft gesagt. Ihr Einfluss auf uns Kinder war sehr stark. Der Einfluss meines Vaters war dagegen eher begrenzt. Ich bin schon ganz in der Frühe zur Schule gegangen und er hat immer bis spät nachts im Büro gearbeitet, sodass wir uns an manchen Tagen gar nicht gesehen haben.

Welche Erinnerungen haben Sie an die Jahre Ihrer Kindheit?
Meine Kindheit war anfangs ausgesprochen glücklich. Meine Eltern stammten aus einem katholisch geprägten Dorf in Pudong, dem jetzigen Ostteil von Shanghai mit vielen Wolkenkratzern. Damals umgaben uns vor allem Reisfelder. Unsere Familie hatte genug Geld. Mein Vater hatte zunächst für das Handelshaus Jardin gearbeitet. Er liebte das Leben und rauchte gerne abends mit seinen Freunden eine Zigarre. Später hat er dann als Verwalter für eine Priestervereinigung in Shanghai gearbeitet. Das war eine belgische Missionars-Gesellschaft, die früher auch in der Mongolei missioniert hat. Sie hatte viele Immobilien in Shanghai und diese hat mein Vater verwaltet. Nach seinem Tod ging es uns weniger gut. Er hatte sein gesamtes Vermögen in US-amerikanische Aktien investiert, aber in der Börsenkrise von 1929 mit dem Schwarzen Freitag haben wir dann alles verloren. So hatte ich, bis ich dreizehn Jahre alt war, eine sehr schöne Kindheit. Gewohnt haben wir in der damaligen Altstadt Shanghais im Bezirk Huangpu. Dort bin ich auch geboren. In unmittelbarer Nähe der sehr berühmten taoistischen Pagode Chenghuangmiao, in der die Schutzgottheit Shanghais verehrt wird, hatten wir unser Haus, also beim Yu-Garten, der heute noch eine der größten Touristenattraktionen der Stadt ist. Trotzdem bin ich

im recht entfernt gelegenen Stadtteil Xujiahui zur Schule gegangen, denn ich war ein katholischer Junge, und in ganz Shanghai gab es nur eine gute katholische Schule, nämlich das St. Ignatius-Kolleg der Jesuiten in Xujiahui. Xujiahui wurde übrigens nach Xu Guangqi benannt, dem Gelehrten, Schüler und Freund von Matteo Ricci. Er wurde an dieser Stelle 1603 auf den Namen Paul getauft. Noch heute lebt die Familie Xu dort.

Sowohl die Grundschule als auch die Gymnasialzeit habe ich am St. Ignatius-Kolleg verbracht. Es war ein sehr, sehr strenges Internat, ähnlich wie die sehr disziplinierten Schulen der Jesuiten in Deutschland damals. Wir sind jeden Tag morgens um halb sechs aufgestanden. Dann wurde gemeinsam die Messe gefeiert. Auch der Rosenkranz und das Abendgebet wurden jeden Tag zusammen gebetet. Man musste immer zusammen studieren und lernen. Wir hatten überhaupt keine persönlichen Freiheiten. Selbst wenn man im Studiersaal zur Toilette gehen wollte, musste man sich melden und eine Erlaubnis vom Lehrer erbitten, der gerade Aufsicht hatte. Es war alles überaus streng, fast ein bisschen wie im Gefängnis (lacht). Heute ist so etwas undenkbar. In der sogenannten Freizeit spielten wir Buben Fußball oder Mahjong, ein chinesisches Gesellschaftsspiel, und lasen Romane oder Novellen. Das hat uns große Freude bereitet.

Waren die Schüler alle katholisch? Und haben Sie in dieser Zeit auch Freundschaften fürs Leben entwickelt?
Es gab zwei Gruppen. Ein Teil der Schüler war katholisch, ungefähr 300. Getrennt davon gab es etwa 200 nicht-katholische Schüler. Damals war das Ignatius-Kolleg die beste Schule in Shanghai. Daher hatten auch viele Nicht-Katholiken den Wunsch, dass ihre Kinder auf diese Schule gehen. Die meisten Schüler waren aus Shanghai, aber wir hatten auch welche aus den Provinzen Jiangsu und Zhejiang, die an Shanghai angrenzen.

Mit vielen Klassenkameraden blieb man noch länger befreundet. Ich war bis zum Abschluss – in Deutschland würde man wohl Abitur sagen – sechs Jahre lang auf dem Kolleg. Anschließend bin ich dann mit zwanzig anderen Klassenkameraden ins Seminar eingetreten. Von uns zwanzig sind elf auch tatsächlich Priester geworden. Die anderen sind entweder vorher verstorben – einige an Typhus – oder haben das Seminar verlassen. Also über die Hälfte ist Priester geworden. Zwei davon wiederum sind in den Jesuitenorden eingetreten, neun wurden diözesane Priester und wurden in der Diözese auch eingesetzt.

Andere Klassenkameraden sind an die Universitäten gegangen, einige an die katholische Universität ›Aurora‹ in Shanghai. Diese Universität gibt es als Gebäude immer noch. Heute ist dort die »Zweite Medizinische Universität« untergebracht. Aber richtige Freunde fürs Leben habe ich letztlich wenige mitgenommen. Denn ich bin ja später ins Seminar und ins Noviziat der Jesuiten eingetreten. Das war ein ganz anderer Weg, als viele ihn gegangen sind.

Wie wichtig waren die sechs Jahre im Kolleg für Ihre Entscheidung, Priester zu werden?
Die Erziehung war natürlich sehr katholisch und ganz jesuitisch. Alle unsere Professoren und Lehrer waren Jesuiten, meistens aus Frankreich. Das war eigentlich furchtbar, denn in den letzten beiden Kolleg-Jahren wurden Fächer wie Geographie, Chemie oder Physik, sogar Geschichte auf Französisch unterrichtet. So musste ich sogar chinesische Geographie auf Französisch lernen. Es war eine wirklich kolonialisierte Erziehung. Aber wenigstens ist mein Französisch aus dieser Zeit noch sehr gut *(lacht)*. Heute ist auch das undenkbar. Alle Schüler mussten am Anfang erst mal Französisch lernen. Aber so kam es auch, dass wir französische Literatur von Victor Hugo, Maupassant, Molière und Racine schon als Kinder verschlungen haben. Und französische Philosophen wie Blaise Pascal konnten wir auswendig rezitieren. Wenn man bedenkt, dass Pascal die Jesuiten sehr kritisiert hat, hatten wir doch auch eine geistig recht breitgefächerte Erziehung.

Und in dieser Zeit haben Sie schon darüber nachgedacht, Priester zu werden?

Nein, nein. Erst in den letzten Jahren vor meinem Eintritt in den Jesuitenorden. Es war ein langersehnter Wunsch meiner Mutter. Ich habe darüber aber lange Zeit gar nicht nachgedacht. Doch in den letzten Jahren der Kolleg-Zeit haben die Jesuiten die Katechese intensiviert. Und sie haben uns zudem viel an Spiritualität mitgegeben. Zusätzlich haben wir die 30-tägigen Exerzitien des hl. Ignatius gemacht; wichtig waren dabei vor allem die Übungen der *contemplatio* – also der gegenständlichen Betrachtung – und der *meditatio* – der gegenstandsfreien Betrachtung. In den Exerzitien haben wir auch Fragen wie die Existenz Jesu, des Satans und dergleichen erörtert. Nach diesen 30 Tagen habe ich mich dafür entschieden, Priester zu werden.

Das bedeutete, dass ich nach dem Kolleg, mit 17 Jahren, in das sogenannte »Kleine Seminar« eingetreten bin. Dort lernte man drei Jahre lang Latein und römische Literatur. Das Kleine Seminar, auch Apostolische Schule genannt, ist ein Seminar für Interessenten am Priestertum. Dort macht man eine Art erweiterten höheren Schulabschluss. Im anschließenden »Großen Seminar« haben wir dann zwei Jahre lang Philosophie und auch die anderen scholastischen Disziplinen studiert. Wir haben uns mit dem Thomismus und Neo-Thomismus auseinandergesetzt und theologische Werke wie die »Summa theologica« von Thomas von Aquin gelesen. Die Vorlesungen dort waren wieder nicht auf Chinesisch, sondern auf Latein. Als ich dann später selbst als Theologieprofessor in China gelehrt habe, habe ich – obwohl ich selbst Chinese bin und meine Studenten auch fast alle Chinesen waren – in lateinischer Sprache unterrichtet. Damals musste die Theologie in lateinischer Sprache gelehrt werden. Auch als ich an der Gregoriana in Rom studierte, waren alle Vorlesungen auf Latein. Ich erinnere mich besonders an die Vorlesungen der deutschen Professoren wie zum Beispiel Pater Lennerts, den berühmten Dogmatiker. Nach dem »Großen Seminar« fand jedenfalls ein praktisches Jahr statt. In dem habe ich am Ignatius-Kolleg unterrichtet.

Ist es nicht unglaublich schwierig für einen chinesischen jungen Mann, Latein zu erlernen? Immerhin ist es kulturell und historisch doch weit entfernt.
Wissen Sie, Französisch ist schon schwer, aber wenn man es als Kind lernt, ist es wiederum nicht zu schwer. Und der Schritt vom Französischen zum Lateinischen ist nicht so schwierig. Für die heutige Jugend in China ist es wiederum undenkbar. Es ist einfach zu kompliziert, insbesondere die Grammatik. Aber Deutsch ist ja auch schon nicht einfach zu erlernen. Wenn ich nur an die Verwendung der Artikel ›der‹, ›die‹ und ›das‹ denke. Die chinesische Sprache dagegen ist sehr einfach. Es gibt keine Deklination und keine Konjugation.

In welcher Verfassung befand sich der Jesuitenorden damals in Shanghai?
Damals war Xujiahui ein großes Zentrum der Jesuiten. Es gab die Residenz der Jesuiten, das Jesuiten-Kolleg, das Jesuiten-Theologat, das Jesuiten-Observatorium, das Jesuiten-Seminar. Es gab sehr viele jesuitische Einrichtungen. Insgesamt waren über 40 Jesuiten-Priester hier in Shanghai. 1907 wurde die Xujiahui-Kirche (St. Ignatius-Kathedrale) im neogotischen Stil erbaut. Sie hat Platz für über 3000 Gläubige. Xujiahui wurde auch als Vatikan Shanghais bezeichnet.

Nach dem Unterricht am Seminar sind Sie nach Hebei – die Provinz in der Nähe von Peking – gegangen. Was hat Sie dort erwartet?
Ich bin in das große Zentrum der Jesuiten in Shanxiang gegangen. Dieser Ort liegt im Süden der Provinz Hebei. Dort lebten damals über 100.000 Katholiken. Es gab dort einen Bischof, ein Kleines Seminar, ein Großes Seminar und ein Noviziat unseres Ordens. Zusätzlich gab es ein Philosophisches Institut und eine Druckerei,

auch eine Mädchenschule war vorhanden. Es handelte sich also um ein wirklich großes jesuitisches Zentrum. Auch eine Universität war an dem Ort, viele Studenten der Jesuiten kamen aus ganz China nach Shanxiang zum Studieren. Es gab damals über 100 französische Jesuiten in Shanxiang, zusätzlich noch chinesische Jesuiten, dann noch Weltpriester, die in der Diözese tätig waren, und viele Schwestern.

Was wurde in Shanxiang studiert?
Die universitäre Ausbildung von uns Jesuiten war damals zwischen Shanxiang und Shanghai aufgeteilt. Das philosophische Studium fand in Shanxiang statt, das Theologische in Shanghai. Zusätzlich gab es noch in Hefei in der Provinz Anhui eine Ausbildungsstätte. Dort verbrachte jeder Jesuit das dritte Jahr seines Noviziats nach der Priesterweihe. Ich selbst habe aber mein drittes Noviziatsjahr nicht in China, sondern in Frankreich verbracht, an einem Ort, der damals auch ein großes jesuitisches Zentrum war, nämlich in Paray-le-Monial, der Wirkstätte Margareta Maria Alacoques und Claude de la Colombières. Heute ist dort eine große Niederlassung der Gemeinschaft Emmanuel und bis heute wird dort besonders das Herz Jesu verehrt.

Was hat man während des Philosophiestudiums in Shanxiang gelernt?
Wir haben uns damals sehr viel mit der Hochscholastik beschäftigt, also mit Inhalten, die man heute weniger studiert. Wir haben Thomas von Aquin gelesen und uns mit dem Thomismus insgesamt beschäftigt. Besonders spannend war für uns die Frage, wie Thomas die Vereinbarkeit des griechischen Philosophen Aristoteles mit dem christlichen Glauben hergestellt hat. Daher haben wir auch die Texte von Aristoteles studiert und uns intensiv mit seiner Philosophie auseinandergesetzt. Genauso haben wir uns damals aber mit deutschen Philosophen, wie zum Beispiel Hegel, oder auch mit den Vertretern des französischen Existentialismus befasst. Wir waren damals ca. 40 junge Jesuiten, die zusammen Philosophie studierten.

*Wohin sind Sie nach dem Studium der Philosophie in Shanxiang ge-
gangen?*

Nach dem Studium der Philosophie hat mich gemäß unserer traditionellen Ausbildung das Studium der Theologie in Shanghai erwartet. Daher bin ich wieder nach Xujiahui, ins Jesuitenzentrum
in Shanghai, zurückgegangen. Dort war ich dann vier Jahre lang.
Wieder haben wir uns mit der scholastischen Theologie auseinandergesetzt. Für mich waren die schönsten Disziplinen die Chris-
tologie und die Ekklesiologie. Gerade im Fach Kirchengeschichte
hatten wir einen sehr guten Professor aus den USA. Über die Heiligen unterrichtete uns ein sehr guter Professor aus der Schweiz. In
Dogmatik hatten wir Professoren aus Deutschland, Frankreich und
Österreich. Im Fach Kirchenrecht hatten wir einen Spanier. Es war
ein sehr internationaler Lehrkörper. Der Rektor war ein Franzose,
Pater Lefevre. Er war wunderbar. Er war der beste Missionar, den
ich in meinem ganzen Leben kennengelernt habe. Er hat China geliebt. Er war wie ein Vater für uns. Das Fach, das ich am wenigsten
mochte, war Kirchenrecht. Ich möchte es eigentlich nicht so über-
spitzt ausdrücken, aber ich bin davon überzeugt, dass selbst Jesus
sein Problem mit einer heutigen Kirchenrechtsprüfung hätte. Er
versuchte ja damals, den Pharisäern ihre Paragraphenreiterei aus-
zutreiben, und heute haben wir einen Wust an kirchenrechtlichen
Regelungen. Wir mussten damals über 2000 Paragraphen lernen.
Einfach schrecklich. Auch jetzt arbeiten in der *Curia Romana* zu
viele Juristen, zu viele Kanonisten. Das widerspricht ganz klar der
Lehre Jesu.

Wie international war damals die Gruppe der Studenten in Xujiahui?

Wir waren über 120 Studenten aus über 20 Ländern. Neben Spani-
ern, Italienern und Franzosen hatten wir auch Portugiesen, Schwei-
zer, Österreicher, Deutsche, Ungarn, Kanadier, US-Amerikaner,
Holländer, Indonesier, Chilenen und Mexikaner dabei. Dieses Studium war sehr international geprägt. Es war vor allem auch deshalb spannend, da einige Länder, aus denen Kommilitonen von mir

kamen, Krieg gegeneinander führten. Zum Beispiel die Deutschen und die Amerikaner, dennoch sind alle Studenten sehr brüderlich miteinander umgegangen.

Obwohl damals Studenten aus so vielen verschiedenen Ländern hier in Shanghai waren, habe ich viele Fremdsprachen erst in Europa gelernt. In Shanghai hatten wir damals nur Latein gesprochen, viel Französisch und etwas Englisch.

Leider sind fast alle Kommilitonen von damals mittlerweile verstorben. Ich bin jetzt schon 96 Jahre alt, ich lebe einfach schon zu lange *(lacht)*. Zudem konnte ich in der Zeit meiner Gefangenschaft keine Freundschaften pflegen, so dass ich manche Kommilitonen aus den Augen verloren habe.

Auch in Rom war das Studium sehr international. Ich habe damals an der Gregoriana studiert. Dort waren wir über 100 junge Jesuiten, die das Studium zum Doktor der Theologie oder Philosophie absolvieren sollten. Wir kamen aus der ganzen Welt zusammen und haben zusammen gewohnt und studiert. Die Studenten kamen aus Europa, aber auch aus den Vereinigten Staaten, Japan, Ägypten oder Indien – und natürlich, wie ich, aus China. Diese internationale Atmosphäre war sehr schön. Es war spannend, die verschiedenen Kulturen zu erleben, und es haben sich schöne Freundschaften gebildet, unter anderem mit dem heute bekannten Theologen Henri de Lubac, der sich dann ja stark mit der Auseinandersetzung mit dem Marxismus und neuen Möglichkeiten des Dialogs mit den unterschiedlichsten nicht-christlichen Religionen und Ideen beschäftigte. Wir hatten an der Gregoriana alle denselben Geist des hl. Ignatius, wir alle waren Mitglieder der Gesellschaft Jesu und somit Brüder. Wir mussten unsere menschlichen Differenzen überwinden und wir hatten eine unglaublich schöne gemeinsame Zeit, einfach einmalig, vor allem wenn man sie mit den Jahren der Gefangenschaft danach oder mit meinem schwierigen Noviziat in China vergleicht.

Exzellenz, Sie haben nach Ihrer Zeit im Großen Seminar und den Studien der Philosophie ein praktisches Jahr am Ignatius-Kolleg verbracht. Was waren dort Ihre Aufgaben?

Nach dem zweijährigen Philosophiestudium hat mich der Regens an das Ignatius-Kolleg geschickt. Ich wurde dort ein Jahr lang als Französischlehrer eingesetzt. Ich habe ungefähr 110 Schüler unterrichtet, ausschließlich Internatsschüler. Insgesamt waren aber am Kolleg über 500 Schüler. Zusätzlich war ich verantwortlich für die Disziplin von allen Schülern. Das war eine sehr interessante Zeit. Die Schüler im Alter von 13 bis 16 Jahren waren meistens sehr gut. Sie waren lebensfroh, aber auch gehorsam und fleißig. Ich war sehr zufrieden mit ihnen. Leider war ich nur ein Jahr dort. Zu Beginn des akademischen Jahres im Herbst 1937 überraschte uns die japanische Invasion. In der Nähe von Shanghai kämpften chinesische und japanische Soldaten und wir konnten keinen Unterricht halten. Der japanische Militarismus und Kolonialismus waren der Grund für den Krieg.

Zuerst war unser Kolleg drei Monate lang eine Unterkunft für Flüchtlinge, so dass wir damit beschäftigt waren. Erst als die Japaner den Kampf um Shanghai gewonnen und sich die chinesisch-nationalistischen Truppen nach Nanjing zurückgezogen hatten, konnten wir den Kolleg-Betrieb wieder aufnehmen.

Fünf meiner Schüler wurden später Priester, viele von ihnen sind später auf die Universität gegangen, um zu studieren. Ich war mit ihnen immer sehr zufrieden. Die Disziplin war nie ein Problem, die meisten waren Kinder aus guten katholischen Familien.

Gab es neben der Bildung, also der reinen Wissensvermittlung, auch eine Herzensbildung?

Ja, auch für die Herzensbildung war ich verantwortlich, also die spirituelle Weiterbildung. Am Ende des Schuljahrs haben wir Einkehrtage veranstaltet. Ansonsten haben wir auch jeden Tag gemeinsam die Messe gefeiert, haben täglich den Rosenkranz gebetet, und vor dem Einschlafen habe ich für die Internatsschüler eine spirituelle

Betrachtung gehalten, also eine Art spirituelle Unterhaltung geführt. Das hat mir auch sehr geholfen, denn jeden Tag musste ich diese halbe Stunde und mich selbst auf dieses Gespräch vorbereiten. Im Vergleich zu den Lehrern meiner eigenen Schulzeit habe ich es mit der Disziplin etwas liberaler gehandhabt. Statt auf Kontrolle habe ich auf Vertrauen gesetzt. Ich habe meinen Schülern viel Vertrauen geschenkt und sie mir. Ich war in meiner Schulzeit selber nicht sehr diszipliniert und eigentlich ein schlechter Schüler *(lacht)*, aber meine Schüler waren wirklich gut, sodass ich immer zufrieden war.

Was haben Sie nach dem praktischen Jahr gemacht, das Sie am Igna-tius-Kolleg verbracht haben?
Nach dem praktischen Jahr und dem vorangegangenen Philosophiestudium musste ich mit den theologischen Studien beginnen und wollte in die Gesellschaft Jesu eintreten. Dazu musste ich das Noviziat beginnen, in das ich im August 1938 aufgenommen wurde und das zwei Jahre dauern sollte.

Oft sind es persönliche Begegnungen, einzelne Menschen, die einen auf dem Weg der Berufung zum Priester begleiten. Gab es in Ihrem Leben auch so einen Menschen?
Für meine Berufung hat meine Mutter gebetet. Sie wollte immer, dass ich Priester werde. Sie war sehr fromm und hat mit uns Kindern immer viel gebetet. Sie ist zwar schon früh gestorben, aber in meinem Kopf und in meiner Erinnerung ist sie für meine Berufung immer noch die wichtigste Person. Meine ältere Schwester war auf dem Weg meiner Berufung auch sehr wichtig. Sie war drei Jahre älter als ich und wollte selbst Nonne werden. Auch ihr Wunsch war es, dass ich Priester werde.

Wie wichtig war das Gebet auf diesem Weg?
Wir mussten im Seminar und im Noviziat viel beten und viele Gebetsübungen des hl. Ignatius machen. So hat man sich sehr in

das Gebet vertiefen können. Zusätzlich wurden wir in der Schrift unterrichtet, das Studium der *scriptura sacra* war bei den Jesuiten wichtig. Wir hatten insbesondere das Johannes-Evangelium auswendig zu lernen. So ist meine gesamte Spiritualität von Ignatius und vom Evangelisten Johannes geprägt. Auch der Hymnus des heiligen Thomas von Aquin *Verbum supernum prodiens, nec Patris linquens dextera* – also ›Das himmlische Wort kommt hervor, ohne dass es die Rechte des Vaters verlässt ...‹ – hat mich immer begleitet und geleitet. Daraus habe ich für mich abgeleitet, dass ich immer bei Gott bleiben werde. Im Noviziat war für mich Elisabeth von der heiligsten Dreifaltigkeit, eine französische Karmeliterin und Mystikerin, sehr wichtig. Sie sagte, dass wir in unserer Zukunft in der Dreieinigkeit leben werden, aber dass wir auch schon jetzt die *trinitas* in uns haben. Und wenn wir diese Dreifaltigkeit schon jetzt im Herzen haben, haben wir schon einen Teil des Himmels in uns. Dieser Gedanke hat mir immer geholfen, vor allem in meiner Gefängniszeit. Ich war damals ganz alleine, hatte alles verloren, aber die Dreifaltigkeit hatte ich immer im Herzen. Das allein war für mich genug, um zu überleben.

Wie war der Tag der Aufnahme in das Noviziat? Können Sie diesen Tag beschreiben?
Die ganze Liturgie am Tag meiner Aufnahme war natürlich auf Latein, manches war auf Französisch. So war meine ganze Ausbildung französisch, zu französisch sogar. Es war alles einfach zu europäisch. Heute gefällt mir die gregorianische Musik und Liturgie viel besser. Auf CD höre ich fast jeden Tag gregorianische Gesänge oder Choräle, zum Beispiel auch aus St. Ottilien, der Benediktinerabtei bei München. Jedenfalls wurden wir im Rahmen dieser lateinischen Messe dann ins Noviziat aufgenommen.
   Heute finde ich Latein viel schöner als liturgische Sprache.

Aber warum sollte es gerade die Gesellschaft Jesu sein? Gab es nicht noch andere Orden, die für Sie in Frage kamen?

In Shanghai gab es damals nur die Jesuiten. Es gab keine anderen Ordensgemeinschaften. Drei meiner Klassenkameraden haben sich für das monastische Leben entschieden und sind zu den Trappisten gegangen, in ein Kloster im Norden Chinas, in Jiaxin. Aber dieser Weg der Trappisten war zu schwer für mich. So habe ich mich für die Jesuiten entschieden. Diözesanpriester wollte ich nicht werden. Denn sie legen kein Armutsgelübde ab. Auch wenn es den Jesuiten damals im Vergleich zur üblichen Bevölkerung materiell recht gut ging, so legten wir dennoch das Armutsgelübde ab. Ich halte das für sehr, sehr wichtig, wenn man Christus nachfolgen will. Außerdem wollte ich zu einer religiösen Gemeinschaft gehören, um mich selbst ganz für die Kirche zu opfern. Allerdings habe ich nochmals Exerzitien gemacht und lange im Gebet darüber nachgedacht. Erst dann habe ich mich entschieden, Jesuit zu werden.

Wie kann man sich das Noviziat damals bei der Gesellschaft Jesu in Shanghai vorstellen?
Mit mir zusammen sind unter anderem noch zwei Diplomtheologen, die ihren Abschluss an der katholischen Universität ›Aurora‹ gemacht hatten, ein Seminarist und sechs meiner eigenen Schüler vom Ignatius-Kolleg in das Noviziat eingetreten. Vor allem meine Schüler waren natürlich viel jünger als ich, denn ich hatte ja schon sechs Jahre lang im Kleinen und Großen Seminar verbracht. So bin ich also mit 23 Jahren Novize geworden. Insgesamt waren wir zwölf Novizen im gleichen Kurs. Einer der zwölf war Joseph Fan. Er ist heute der Bischof der Untergrundkirche in Shanghai. Damals waren wir im gleichen Kurs und heute können wir praktisch nicht zusammenarbeiten, denn ich bin Bischof der sogenannten Offiziellen Kirche, er ist Bischof der sogenannten Untergrundkirche.

Insgesamt waren die zwei Jahre keine glückliche Zeit. Mein Novizenmeister war mir gegenüber sehr streng; denn er befürchtete, dass ich zu stolz sei. Ich war ja bereits sechs Jahre aus dem Kolleg draußen und die anderen Novizen waren sehr viel jünger. So war er zu mir überaus streng. Ich musste viele Stunden zusätzliche Gebete verrichten. Durch die Behandlung dieses französischen Jesuiten waren dies die schwierigsten zwei Jahre meines Lebens. Oft dachte ich darüber nach, die Gesellschaft Jesu wieder zu verlassen. Aber nach vielen Gebeten habe ich mich entschieden zu bleiben. Normalerweise ist das Noviziat eine sehr glückliche Zeit und für die anderen war es sicherlich auch so. Bei mir war es leider das Gegenteil.

1941 waren Sie wieder zurück an das Seminar gekommen und haben Lateinunterricht gegeben?

Ja genau, ich habe die Seminaristen, die Latein noch lernen mussten, unterrichtet. Ich hatte nur sieben Schüler. Wir haben von Cicero »*In Catilinam*« – die Rede gegen Catilina –, »*Pro Milone*« sowie »*De Amicitia*« übersetzt und Caesars »*De Bello Gallico*« – Der Gallische Krieg. Damals konnte ich sehr flüssig Latein sprechen und konnte dementsprechend auch unterrichten. Den Unterricht habe ich auch in lateinischer Sprache gehalten. Jetzt habe ich fast alles vergessen. Später dann war ich auch im Seminar Professor der Theologie. Auch hier war es ein bisschen komisch. Ich selbst bin Chinese, meine Studenten waren alle Chinesen, aber unterrichten musste ich auf Latein. Damals musste die gesamte Theologie auf Latein gelehrt werden. Das hat sich weltweit erst mit dem zweiten Vatikanischen Konzil geändert.

Der Heilige Vater hat ja nun erklärt, er möchte die heilige Messe wieder öfter in lateinischer Sprache hören …

Das habe ich natürlich auch gehört. Aber vor allem die Franzosen scheinen dagegen zu sein. Mir ist das gleichgültig. Ganz persönlich feiere ich die Messe sehr gerne auf Latein. Gerade die Gebete sind auf Latein viel schöner und verständlicher als im Chinesischen. Vieles kann man nicht richtig ins Chinesische übersetzen. Die jungen Menschen können heute natürlich nicht mehr so gut Latein, aber mir persönlich gefällt das Lateinische besser. Man sieht, dass ich doch konservativ bin *(lacht)*, da ich ein großer Freund der lateinischen Messe bin.

Haben Sie selbst auch eine starke Beziehung zum Herzen Jesu, die ja von den Jesuiten traditionell stark gefördert wird?

Von Jugend an habe ich eine enge Beziehung zum Herzen Jesu gepflegt. Schon in der Schule, im Kleinen Seminar, hatten wir am Herz Jesu-Freitag eine intensive Andacht und jeden Freitag haben wir die Herz Jesu-Messe gefeiert. Wir haben uns als Jugendliche ganz dem Herzen Jesu geweiht. Sehr wichtig war für uns die hl. Margareta Maria Alacoque, eine französische Mystikerin. Wir haben über sie und ihr Leben Andachten gehalten. Ihr war Jesus im 17. Jahrhundert erschienen mit der Bitte, sein Göttliches Herz zu verehren. Die Jesuiten haben diese Herz Jesu-Verehrung aufgegriffen und in Europa verbreitet. Zwar gab es diese Verehrung auch schon zuvor, aber durch die Erscheinungen und die Bekenntnisse von Margareta Maria Alacoque wurde diese Bewegung nochmals verstärkt. Und die Jesuiten haben bei der Verbreitung dieser Verehrung geholfen *(lacht)*. Denn auch ihr Beichtvater, der heiliggesprochene Claude de la Colombière, war Jesuit. Er hat diese durch Schriften über die Herz Jesu-Verehrung sehr gefördert.

Wurde die Herz-Jesu-Verehrung auch von den Jesuiten in China verbreitet?

Ja natürlich. In ganz China gibt es heute die Verehrung des Herzen Jesu. Das ist ein wichtiger Bestandteil unserer Volksfrömmigkeit geworden. Es gibt im ganzen Land unzählige Darstellungen, auf denen das Herz Jesu abgebildet ist.

Wie hat man damals in Shanghai die Kriegsjahre erlebt?

Shanghai selbst war damals unter japanischer Besatzung. Es gab in der Stadt die verschiedenen »Konzessionen«. Shanghai war sozusagen aufgeteilt in verschiedene Bereiche. Das katholische Viertel Xujiahui befand sich gleich neben der französischen Konzession. Als die nationalen chinesischen Truppen sich vor den Japanern zurückgezogen hatten, kamen – noch bevor die japanischen Truppen Xujiahui einnehmen konnten – französische Einheiten, um Xujiahui zu besetzen. Sie kamen somit den Japanern zuvor. Die Japaner haben die Franzosen dann hier in Ruhe gelassen. Das war eine sehr verworrene Zeit. Es gab nämlich auch eine internationale Konzession, in der alle fremden Staaten in Shanghai gemeinsam präsent waren. Auch dort waren die Franzosen zusammen mit den Japanern, US-Amerikanern und allen anderen Staaten. Erst als der Krieg im Pazifik begann, haben die Japaner auch die internationale Konzession eingenommen. Die französische Konzession und das von den Franzosen besetzte Viertel Xujiahui, in dem wir uns befanden, wurden von den Japanern aber nie angegriffen. Wir waren also in der glücklichen Situation, in Xujiahui vom Krieg nicht zu sehr betroffen gewesen zu sein.

Chinesisch-Japanischer (抗日战争) Krieg 1937–1945

Der Chinesisch-Japanische Krieg begann im Juli 1937 nach einem Zwischenfall an der Marco-Polo Brücke nahe Peking, doch waren die Japaner bereits seit Anfang der 30er Jahre als Besatzer im Land und hatten im nordchinesischen Mandschuguo einen Marionettenstaat unter dem letzten chinesischen Kaiser installiert.

Den anfänglichen militärischen Erfolgen durch die chinesischen Truppen folgten, nachdem die Japaner ihre Verbände verstärkt hatten, erbitterte Kämpfe, in deren Verlauf mehrere hunderttausend Opfer auf beiden Seiten zu beklagen waren. Als Folge des im August 1937 geschlossenen Nichtangriffspakts zwischen China und der Sowjetunion stattete die Sowjetunion die chinesische Armee mit Flugzeugen und Panzern aus. Im Oktober 1937 schlossen sich die USA den Chinesen an und kurz darauf auch die Briten, um sich an der Isolierung Japans zu beteiligen.

Dennoch gelang es den Japanern in der zweiten Jahreshälfte 1937 zunächst Shanghai und im Dezember dann auch Nanjing einzunehmen, wo es zu einem Massaker an der Bevölkerung kam, das die

Beziehungen der beiden Länder bis zum heutigen Tag immer wieder belastet. Im September 1938 eroberten die Japaner trotz hoher Verluste Wuhan, wenig später nahmen sie Guangzhou ein. Damit waren ihre Kriegsziele in Mittel- und Südchina erreicht. Da auch mehrere wichtige Eisenbahnlinien unter die Kontrolle der Japaner gerieten, gelang es ihnen bald, das chinesische Hinterland von seiner industriellen Basis an der Küste abzuschneiden. Eine Hungersnot breitete sich aus, die zahllose Opfer unter der Zivilbevölkerung forderte.

Nach dem Angriff der japanischen Luftwaffe im Dezember 1941 auf Pearl Harbor verschmolz der chinesisch-japanische Konflikt mit der japanisch-amerikanischen Auseinandersetzung und China wurde zu einem voll anerkannten Mitglied der großen Allianz gegen die Achsenmächte. Praktisch jedoch blieb China von der Außenwelt abgeschnitten, denn Hongkong, Singapur, Malaysia, Birma und weite Teile Südostasiens wurden auch weiterhin von den Japanern besetzt gehalten. Somit konnte China nur einen sehr kleinen Beitrag zum Sieg über Japan beitragen. Japan geriet im Kriegsverlauf zwar immer mehr in die Defensive, doch hielt die militärische Führung weiterhin am Ziel der vollständigen Unterwerfung Chinas fest. Die Entschlossenheit Japans wurde mit einer 1942 gestarteten weiteren Offensive auf das chinesische Festland zum Ausdruck gebracht. Der Chinesisch-Japanische Krieg endete erst im August 1945 mit der Kapitulation Japans. Nach Schätzungen betrug die Zahl der getöteten Soldaten und Zivilisten auf chinesischer Seite zwischen 15 und 20 Millionen.

Ein ganz wichtiger Tag in Ihrem Leben ist der Ihrer Priesterweihe. Wie kann man sich diesen Tag im Leben eines jungen Chinesen in den 40er Jahren vorstellen?

Das war am 19. Mai 1945. Ich wurde in Shanghai geweiht, in der Dongjia-Straße. Dort in der Franz-Xaver-Kirche neben der großen Südbrücke über den Huangpu-Fluss. Das ist eine sehr alte Barockkirche in Shanghai. Ich bin damals von unserem sehr alten französösischen Bischof von Shanghai zusammen mit einem anderen chinesischen Kurskollegen geweiht worden. Am selben Tag wurden in unserer Kathedrale 31 ausländische junge Jesuiten von einem kanadischen Bischof geweiht. Denn der Bischof von Shanghai war zu alt. Er hätte die Messfeier mit der Weihe von 33 Priestern nicht geschafft. Die anderen waren Ausländer aus den Vereinigten Staaten, Kanada, Irland, Indonesien usw. Sie wurden in der großen Kathedrale geweiht. Zu unserem französischen Bischof von Shanghai hatte ich ein sehr gutes Verhältnis. Er war ein wirklich guter Bischof. Mein Mitbruder, mit dem ich gemeinsam geweiht wurde, ist leider vor vielen Jahren in der Gefangenschaft gestorben. Er war nur zwei Jahre älter als ich und kam aus einer sehr guten Familie. Er hatte drei Brüder und alle vier Jungen sind Priester geworden. Einer seiner Brüder war später Provinzial der Jesuiten in der Provinz Taiwan. Einer seiner Brüder lebt noch als Priester in Taiwan.

Der kanadische Bischof, der die anderen geweiht hat, war Gast bei uns in Xujiahui. Denn die japanischen Besetzer wollten eigentlich alle Missionare aus Ländern, mit denen sich Japan im Krieg befand, in die Konzentrationslager überführen. Aber die französischen Jesuiten hatten einen sehr guten Kontakt zum japanischen Konsulat in Shanghai. Über diesen Kontakt war es möglich, dass alle Priester aus den Vereinigten Staaten, Kanada oder den Niederlanden in Xujiahui leben konnten, d. h., sie mussten nicht ins Konzentrationslager. Der kanadische Bischof war also einer der kanadischen Jesuiten, die damals von Suzhou nach Shanghai gekommen waren, um in Xujiahui Schutz zu suchen und zu bleiben, dank der Hilfe des damaligen japanischen Generalkonsuls.

Nach der Priesterweihe gab es jedenfalls ein großes Essen in Xujiahui. Fast alle Jesuiten aus Shanghai waren dort, um uns zu gratulieren.

Ein ganz interessantes Detail ist dabei der Name der Kirche. Sie ist nach dem hl. Franz Xaver benannt. Dieser war ein großer Jesuit und ein großer Missionar, allerdings hat er keinen direkten Einfluss auf die Mission in unserem Land nehmen können. Er war zwar schon recht früh in Asien unterwegs und wollte auch China bereisen. Aber er ist gestorben, kurz bevor er das Land erreicht hat. Er hat somit nie einen Fuß auf chinesischen Boden gesetzt. Allerdings, Gott sei Dank, kam im selben Jahr Matteo Ricci zur Welt. Er war es dann, der nach China reiste und hier auf vorbildliche Weise missionierte. Matteo Ricci hat somit fortgesetzt und vollendet, wozu Franz Xaver nicht mehr gekommen ist. Somit war der Name der Kirche, in der ich die Priesterweihe empfangen habe, in gewisser Weise auch ein Auftrag, nämlich an die Missionsbemühungen meiner großen jesuitischen Vorbilder anzuknüpfen.

Am 20. Mai 1945 feierte ich dann meine Primiz, also meine erste Messe in der Chongqingnan-Straße, in der St. Peter-Kirche. Und nach dieser Messe hat einer meiner Onkel ein sehr schönes großes Frühstück gegeben. Alle entfernten Verwandten und Freunde von mir konnten daran teilnehmen. Über 200 Leute kamen zu dieser Feier. Danach las ich eine Messe in Pudong. Das war in Qingjiaxiang, wo meine Eltern gelebt haben. Qingjiaxiang war damals bei den Katholiken sehr berühmt, weil der erste Märtyrer Koreas, der heilige Andreas Kim, dort zum Priester geweiht worden war. Nach seiner Weihe ist er nach Korea gegangen und wurde dort ein Jahr später umgebracht.

Wie wurden Sie dann als junger Priester eingesetzt?
Im Juni 1946 war ein amerikanischer Priester im Norden der Provinz Jiangsu tätig. Aber die Kommunisten hatten schon wieder mit dem Bürgerkrieg begonnen, der sich zu der Zeit auch stark in Jiangsu abspielte. Weil Amerika sich schon im Kalten Krieg befand und sich letztlich auf die Seite der Kuomintang – also der Gegner der Kommunisten – stellte, war es für Amerikaner sehr gefährlich, dort zu wirken, auch wenn China und die USA noch kurz zuvor den gemeinsamen Feind Japan bekämpft hatten. Die Kommunisten wurden sowohl mit Waffen als auch ideologisch durch die Sowjetunion unterstützt. Jedenfalls hat der Bischof den amerikanischen Priester zurückberufen und mich als Ersatz geschickt. Die Stadt

hieß Dongtai. Ich war nur zwei Monate dort. Als der Bürgerkrieg weiter nördlich in der Provinz Jiangsu immer schlimmer wurde, weigerte sich der dort tätige chinesische Priester, in dieser Region weiter Dienst zu tun. Daraufhin versetzte der Bischof mich dorthin, wo ich die restlichen neun Monate meines ersten Pastoraljahres blieb. Somit war ich elf Monate im Kriegsgebiet, bin aber die ganze Zeit unverletzt geblieben. Ich war in meinem Leben oft in gefährlichen Gebieten im Einsatz. In Jiangsu tobte der Krieg im Juni 1946 zwischen Nationalisten und Kommunisten regelrecht. Ich war aber nie wirklich gefährdet, da die Stadt, in der ich lebte, selbst nicht direkt betroffen war. Allerdings haben wir die Bombardierungen durch die Nationalisten aus der Luft genau gehört, ebenso wie Artilleriegefechte. Die Stellungen der Kommunisten sollten zerstört werden. Auch hatten wir sehr viele kommunistische Soldaten in der Stadt. Der Krieg ist nicht spurlos an uns vorbeigegangen, aber Gott sei Dank haben wir überlebt.

Exzellenz, wie kann man sich die Aufteilung der Diözesen in China in der ersten Hälfte des 20. Jahrhunderts vorstellen? Welche davon wurden vom Jesuitenorden betreut und welche von den anderen Ordensgemeinschaften?

Die Orden haben China nach Regionen unter sich aufgeteilt. In Shanghai gab es damals nur französische Jesuiten. Auch die Diözese Hebei wurde von den französischen Jesuiten geleitet, von den ungarischen Jesuiten die Diözese Harbin im hohen Norden nahe der russischen Grenze und eine von den österreichischen Jesuiten, nämlich die Diözese Xinjiang. In der Provinz Anhui gab es auch drei Diözesen, die von Jesuiten geleitet wurden, zwei von spanischen, nämlich Wuhu und Anjiao und eine, Benhu von italienischen. In der Provinz Jiangsu in der Stadt Suzhou waren die Jesuiten aus Kanada. Insgesamt waren die Jesuiten in neun Diözesen vertreten, aber jeweils von verschiedenen Jesuitenprovinzen in Europa und Nordamerika aus organisiert. Eine Diözese wurde sogar von US-amerikanischen Jesuiten aus Kalifornien geleitet.

Natürlich waren auch andere Ordensgemeinschaften in China aktiv. Der Orden, der am meisten Diözesen betreute, war die Gesellschaft des Pariser Missionsseminars. Das ist ein französischer Missionsorden aus Paris. Sie hatten zwölf Diözesen in China. Im Norden Chinas in der Stadt Shenyang (Provinz Liaoning), in der Stadt Chengdu (Provinz Sichuan), in Yongnan, Guizhou, in Guangdong und noch anderen Orten. Die Priester von Vincent de Paul hatten in den Provinzen Zhejiang und Jiangxi jeweils drei Diözesen. Im Norden hatten sie auch drei Diözesen, nämlich Beijing, Tianjin und Hangshan. Die deutschen Steyler Missionare hatten in den Provinzen Shandong und Gansu und in der Provinz Henan Diözesen. Die Franziskaner waren zum Teil in Shandong, zum Teil in Shaanxi aktiv. Die Dominikaner waren mit einigen Diözesen in der Provinz Fujian ganz im Süden vertreten. Das waren die spanischen Dominikaner. Aber auch die Benediktiner und die Augustiner waren in China. In ganz China gab es damals 130 Diözesen. Die meisten davon waren in der Hand der Missionare. Dann gab es noch die Amerikaner, nämlich die Maryknoll Fathers. Sie hatten in der Provinz Guangdong zwei und in einer weiteren Provinz noch eine dritte Diözese. So hatten sich die verschiedenen Orden in ganz China verteilt.

Wie kann man sich den Jesuitenorden zur damaligen Zeit vorstellen?
Es gab in China keine eigenständige Ordensprovinz, sondern jede Diözese, die von Jesuiten geleitet wurde, gehörte immer zur Heimatprovinz des Ordens. So gehörte Shanghai zu Paris, Xinjiang zur österreichischen Provinz, Jiangsu zur kalifornischen Provinz. Die Verwaltung war dementsprechend sehr kompliziert. So musste der Bischof von Harbin zum Beispiel nach Budapest an den ungarischen Provinzial – also den regionalen Ordensoberen – berichten und dieser wiederum nach Rom an den Hauptsitz des Jesuitenordens. Es gab also keine einheitliche Organisation in China. Eigentlich war das eine sehr verworrene Situation. Später hat dann der Ordensgeneral einen Visitator für ganz China ernannt. Nachdem ich von meinen Studien aus Rom zurückgekehrt war, wurde ich dann selbst

als Vizevisitator eingesetzt. Eigentlich war ich in meinem Leben vor meiner Verhaftung immer nur »Vize«. Erst Vizerektor vom Seminar, dann Vizesuperior der Jesuiten in Shanghai und Vizevisitator von ganz China. Später, nach meiner Entlassung aus dem Gefängnis, wurde ich dann Bischof von Shanghai.

... also nicht mehr nur »Vize«-Bischof ...
... doch, vorerst schon. Jozef Kardinal Tomko, der von 1985 bis 2001 Präfekt der Kongregation für die Evangelisation der Völker war, hat mich 1995 in den Vereinigten Staaten besucht. Damals war ich selbst zu Besuch und wir haben über Verschiedenes gesprochen. In diesem Gespräch erklärte er mir, *de iure* sei der Bischof von Shanghai Kardinal Gong, der 2000 im Exil in den USA starb. Ich sei nur *de facto* Bischof von Shanghai. Sie sehen also, ich blieb irgendwie immer noch nur der »Vize«. Früher war ich also *de iure* immer nur »Vize«, heute bin ich es *de facto (lacht).* Dieses Gespräch ist lange her, Jozef Kardinal Tomko kam damals eigens von Rom in die USA, um mit mir zu sprechen. Wir trafen uns in der Residenz von Bernard Francis Kardinal Law, dem Erzbischof von Boston. Es war ein freundliches Gespräch, auch wenn er mir erklärte, dass ich nicht der richtige Bischof von Shanghai sei.

Exzellenz, wir haben über die spannende Zeit zwischen 1900 und 1940 gesprochen. Wie haben sich denn die Ordensgemeinschaften in dieser Zeit entwickelt?
Nach dem Opium-Krieg sind viele Missionare nach China gekommen. In Shanghai ließen sich die Jesuiten nieder, das waren vor allem Jesuiten aus Frankreich. Daher entstammten alle Bischöfe in Shanghai auch immer dem Jesuitenorden. Der Orden hat hier viel bewirkt und getan. Beispielsweise gründete er die bereits erwähnte Aurora-Universität, ebenso Mittelschulen. Auch das berühmte Krankenhaus in Shanghai und das Observatorium, ein Geologisches Institut sowie eine Vielzahl an Zeitschriften wurden ins Leben gerufen. Die Jesuiten forschten auf den verschiedensten

Gebieten, zum Beispiel im Bereich der Topographie und Geographie, förderten die Malerei, aber auch viele andere Bereiche der Kunst. Das Wirken der Jesuiten wurde in ganz China bekannt. In dieser Zeit erwarben die Jesuiten in Shanghai auch sehr viel Land, auf dem diese Aktivitäten – wie zum Beispiel die Gründung einer Universität – stattfinden konnten.

Aber nicht nur die Jesuiten kamen damals nach China. Sehr viele andere Gemeinschaften und Ordensgemeinschaften sind zu dieser Zeit nach China gekommen, um zu missionieren und gleichzeitig auch wirtschaftlich aktiv zu werden. Insbesondere im Bereich von Landkauf und Immobilien haben sich viele Ordensgemeinschaften betätigt. Es wurde Grund und Boden erworben, um dann große Komplexe darauf zu bauen. Mit den Miet- und Pachteinnahmen wurden dann die Missionare in entfernteren Gebieten unterstützt, wie beispielsweise in der Mongolei oder der Mandschurei. So gab es die Steyler Missionare, aus Frankreich die Missionaires étrangers, aus den USA die Maryknoll Fathers, alle waren hier mit einer Missions-Prokuratur in Shanghai. Denn Shanghai war eine große, neue und moderne Stadt und viele Prokuratoren der verschiedenen Gemeinschaften errichteten ihren Sitz in Shanghai. Wir waren damals mehr als 100 Jesuiten, die meisten waren Franzosen, ungefähr 90, dann gab es noch einige wenige Italiener und Spanier. Augustiner, Franziskaner, Maryknoll Fathers, Vinzentiner, Steyler Missionare, Scöte Father aus Belgien, das sind nur einige der Orden, die mir einfallen, die auch eine Vertretung in Shanghai hatten.

Das Problem war natürlich, dass die Missionare alle erst nach dem Opium-Krieg nach China kamen. Davor war es ja wieder einmal für Ausländer verboten, in China zu missionieren. Bei den Verträgen nach dem Opium-Krieg wurde China schlecht behandelt. Die Missionare waren daher auch ein Nebenprodukt der »ungleichen Verträge« – so nennen wir die Verträge, die den Chinesen viele Zugeständnisse nach dem Opium-Krieg abgerungen hatten. Sie können sich vorstellen, dass die Missionare daher nicht immer gern gesehen waren.

Opiumkriege (鸦片战争) und westliche Mächte in China im 19. Jahrhundert

Der wachsende Export von Seide und Tee aus China seit dem 16. Jh. hatte über die Jahre zu einer für China positiven Bilanz in seinem Handel mit dem Westen geführt. Der von den Briten seit Mitte des 18. Jh. über Afghanistan und Indien aufgezogene Absatz von Opium setzte in China einen gesellschaftlichen und wirtschaftlichen Verfallsprozess in Gang, der schließlich das Kaiserreich zum völligen Verbot der Opiumzufuhr veranlasste. Der daraus mit den englischen Händlern entstehende Konflikt führte zum Ausbruch des Ersten Opiumkriegs von 1839 bis 1842, in dessen Verlauf britische Händler gefangengenommen, die Schifffahrt unterbrochen und Schiffladungen beschlagnahmt wurden. England entsandte daraufhin Kriegsschiffe und errichtete ein Operationslager auf der dem südchinesischen Festland vorgelagerten Insel Hongkong. Ziel war es, den Opiumhandel in China wieder zu legalisieren. Ende August 1841 eroberte die englische Flotte Xiamen, Ningbo und Zhoushan und blockierte somit wichtige Wasserwege. Bis August 1842 drangen die Engländer weiter ins Landesinnere vor, am 29. August 1842 endete der Krieg mit dem Vertrag von Nanjing. Er verpflichtete die Chinesen zur Öffnung der Handelsgeschäfte für Ausländer, zur Abtretung Hongkongs und zu Reparationszahlungen.

Als der chinesische Kaiserhof sich im Verlaufe eines weiteren Jahrzehnts weigerte, die Bedingungen des Vertrages zu erfüllen und den Opiumhandel zu legalisieren, unternahmen die Engländer nach Abstimmung mit den Franzosen und Amerikanern in einem Zweiten Opiumkrieg (1856–1860) eine weitere Militäraktion, um China zu zwingen, ihren Wünschen nachzukommen. Es gelang den Engländern, zuerst Kanton und dann immer mehr Festungen und Städte einzunehmen und zu zerstören, darunter auch Peking. Am 18. Oktober 1860 unterzeichnete der chinesische Kaiser Xianfeng den (erweiterten) Vertrag von Tianjin. Dieser hatte zur Folge, dass elf neue Häfen für den Außenhandel geöffnet wurden. Zusätzlich bekamen

Großbritannien, Frankreich, Russland und die USA das Recht, in Peking (bis dahin eine geschlossene Stadt) Botschaften zu eröffnen. Außerdem wurde Opium in die Zolltarife aufgenommen und somit legalisiert. Mit den von chinesischer Seite bis heute kritisierten »ungleichen Verträgen« wurde zudem die christliche Mission erlaubt, einhergehend mit der Erlaubnis für die Missionare, Eigentum zu besitzen.

Wie hat sich das Glaubensleben zu dieser Zeit entwickelt, welche Rolle haben die Laien, die chinesischen und ausländischen Katholiken in dieser Zeit in Shanghai gespielt?
Zunächst bauten die Missionare natürlich sehr viele Kirchen und Kapellen in Shanghai. Zwischen 1850 bis 1950 wurden in Shanghai 392 neue Kirchen und Kapellen errichtet. Das ist eine sehr große Anzahl, insbesondere wenn man bedenkt, dass Shanghai damals viel kleiner war als heute. Heute haben wir mit unseren über 145 Kirchen in einer viel größeren Stadt Shanghai nur einen Bruchteil der Anzahl von Kirchen, die wir noch vor 60 Jahren hatten. Da ist also noch einiges aufzuholen.

Gerade die Mitte des 19. Jahrhunderts war allerdings durch die Opium-Kriege und vor allem auch den Taiping-Aufstand aus christlicher Sicht eine sehr bewegte und brutale Zeit.

Wie hatte sich damals der Glaube in die chinesische Gesellschaft integriert? Wie kann man sich die Beziehung zwischen der Diözese Shanghai und der Stadtregierung von Shanghai vorstellen?
Damals gab es in Shanghai eine große Laienbewegung, die »Katholische Aktion«. Das war eine sehr gute Initiative, die viel bewegte und viele Menschen für den Glauben gewonnen hat. Einige Laien leisteten hier Großes. Ich erinnere mich gut an Josef Leparent. Er baute viele Kirchen auf und errichtete aus eigenen Mitteln eine Schule. Dafür wurde er persönlich mit dem päpstlichen

Silvesterorden ausgezeichnet, aber nicht nur das: Ihm wurde sogar das Papstschwert verliehen. Das ist eine sehr, sehr seltene Ehre. Genauso wichtig war Nicolas Zhu. Auch er war sehr berühmt in Shanghai. Er war ein sehr frommer Mann, hat Kirchen gebaut und viele Katechesen gehalten. Man kann sagen, dass die »Katholische Aktion« in Shanghai sehr aktiv war mit über 1000 sehr engagierten Mitgliedern, was sehr viel war. Das war eine gute Zeit für unsere Stadt. In ganz China waren es vielleicht 20.000. Die Laien waren natürlich alles Chinesen, auch wenn ihre Namen oft französisch klingen. Denn unsere Taufnamen waren immer französisch. Eigentlich hatten wir ursprünglich alle einmal chinesische Namen. Ich selbst heiße mit französischem Taufnamen Aloysius Jin, mein chinesischer Name ist aber Jin Luxian. Die ausländischen Laien waren damals überhaupt nicht apostolisch unterwegs. Sie waren als Kaufleute oder als Professoren in der Stadt, beteiligten sich aber kaum am Glaubensleben. Allerdings waren mit den Missionaren viele ausländische Priester in China.

Taiping-Aufstand und ihr christlich geprägter Anführer Hong Xiuquan (洪秀全)

Der Taiping-Aufstand (1850–1864) war ein Konflikt zwischen dem Kaiserreich China während der Qing-Dynastie und einer Bewegung unter der Führung des in seiner Jugend zum Christen konvertierten Hong Xiuquan (1814–1864). Man geht davon aus, dass in den mehr als ein Jahrzehnt lang andauernden Kämpfen ca. 30 Millionen Menschen starben, was den Taiping-Aufstand zu einem der blutigsten Bürgerkriege in der Menschheitsgeschichte macht.

In einem durch Begegnungen mit christlichen Missionaren hervorgerufenen Erweckungserlebnis hatte Hong Xiuquan die Vision, dass er Gottes zweiter Sohn sei. Nach seiner Vorstellung hatte ihn Gott in den Himmel gerufen, um ihm zu sagen, dass die Bevölkerung auf der Erde dem Teufel verfallen sei. Sein Auftrag bestünde

darin, China zum rechten Glauben an den einen Gott zurückzu-
bringen und als König des Himmlischen Königreiches des Großen
Friedens – eben dem Reich der »Taiping« – zu regieren.

Hong Xiuquan gehörte zur südchinesischen Volksgruppe der
Hakka, die als »Zugewanderte« beschrieben wurde und eher eine
Existenz am Rande der Gesellschaft führte. Im Jahre 1847 gründete
Hong eine Sekte, die rasch eine wachsende Anhängerschaft fand
und deren politisch-religiöse Vorstellungen sich auf die Vertreibung
der Mandschus richteten, welche als Qing-Dynastie seit zwei Jahr-
hunderten über China herrschte. Von Süden aus führte Hong mit
seinen Truppen einen erfolgreichen Feldzug und eroberte immer
größere Teile des Reiches. Anfang 1851 fühlte er sich mächtig genug,
das Himmlische Reich des Großen Friedens auszurufen. Schnell gewann die Bewegung auch an Zulauf aus der Landbevölkerung, 1853
wurde die alte Kaiserstadt Nanjing eingenommen, die Hong und
seine Führung zu ihrer Hauptstadt machten. Weitere Eroberungsver-
suche auf Feldzügen Richtung Norden blieben jedoch weitgehend
erfolglos, so dass die kaiserlichen Truppen ab 1855 immer mehr bis
dahin verlorenes Territorium zurückgewannen. Die endgültige Vertreibung der Taiping gelang schließlich einige Jahre später, nicht zuletzt mit Hilfe des britischen Generals Charles Gordon (1833–1885),
der noch 1860 erfolgreich an der Erstürmung Pekings beteiligt war
und 1863/1864 maßgeblich mit zum Sieg über die Taiping-Rebellen
beitrug, nachdem deren Führung um Hong Xiuquan aufgrund in-
terner Konflikt zunehmend geschwächt worden war. Geblieben ist
in der Erinnerung an die Taiping deren für damalige Verhältnisse
als radikal anzusehende Vorstellungen bei der Organisation der
Gesellschaft, wie etwa die Abschaffung des Privateigentums, der
höhere gesellschaftliche Status der Frau und Modifikationen bei
den Beamtenprüfungen.

Der Glaube verbreitete sich damals gut in der chinesischen Bevölkerung. Die »Katholische Aktion« wurde auch von Papst Pius XI.
unterstützt. Die Gründung war von den französischen Jesuiten aus-

drücklich für chinesische Laien ausgelegt. Jeder Orden hat ähnliche Gründungen vorgenommen in den jeweiligen Diözesen, in denen diese aktiv waren. Man kann sagen, dass die französischen Jesuiten ein Monopol auf Shanghai hatten. Die 20.000 Mitglieder der »Katholischen Aktion« landesweit haben sich dann auf alle Diözesen, nicht nur auf jesuitisch geleitete Diözesen verteilt. Die Laienorganisationen waren ja damals eine große Bewegung weltweit, die vom Vatikan und damit auch vom Nuntius in Peking direkt unterstützt wurden.

Man muss sagen, dass sich das Image der Missionare mit der Zeit stark verbessert hat. Das ist besonders auf ihre vielen guten Werke zurückzuführen, insbesondere auf den Bau vieler Schulen. Denn die Alumni dieser Schulen wurden oft wohlhabende Kaufleute, Professoren oder andere einflussreiche Bürger. So ist die gedankliche Verbindung der Missionare mit den »ungleichen Verträgen« nach dem Opium-Krieg bald in Vergessenheit geraten.

Die Katholiken wurden in Shanghai gut akzeptiert. Natürlich ist China sehr groß, daher kann ich nicht für das ganze Land sprechen. Sicher gab es auch einige Gebiete, in denen die Katholiken nicht in das öffentliche Leben integriert waren, in Shanghai auf jeden Fall schon.

Auch waren die Beziehungen zwischen der Diözese Shanghai und der Stadtregierung von Shanghai sehr gut. Vor allem die führenden Mitglieder der »Katholischen Aktion« waren sehr einflussreich, da sie auch sehr wohlhabend waren. Sie hatten viele gute Kontakte zu den Behörden. Wenn die Missionare ein Anliegen an die Stadtregierung oder eine öffentliche Einrichtung herantragen wollten, dann haben sie sich zunächst an die Mitglieder der »Katholischen Aktion« gewandt und haben es nicht direkt vorgetragen. Diese haben sich dann darum gekümmert. Mit den Mitgliedern der »Katholischen Aktion« als Bindeglied waren die Beziehungen zwischen der Stadtregierung und der Kirche wirklich wunderbar.

War es überhaupt nicht störend, dass immer noch so viele ausländische Priester in China waren?

Natürlich wurde kritisiert, dass es 1949 immer noch mehr als 6000 ausländische Priester in China und nur ca. 2100 chinesische Priester gab. Das war auch ein wirklich starkes Missverhältnis. Diese Kritik war ja auch ein Auslöser für den Boxeraufstand im Jahr 1900.

Sie müssen sich einmal vorstellen, dass es über all die Jahrhunderte eigentlich nur Ausländer waren, die die Kirche in China geleitet haben. Erst 1924 wurde auf dem ersten chinesischen Nationalkonzil beschlossen, die Leitung der Diözesen auf den einheimischen Klerus zu übertragen. Das war natürlich sehr spät, um nicht zu sagen viel zu spät. Mit der Weihe am 28. Oktober 1926 von sechs chinesischen Bischöfen durch Papst Pius XI. in Rom hat sich das geändert. Erst ab diesem Zeitpunkt gab es wirklich Bischöfe für die sechs kleinen Diözesen in China.

Somit kann man die Aussage, dass die kommunistische Zeit der Kirche in China sogar gut getan hat, in gewisser Weise bejahen. Denn jetzt ist die Kirche in China auch wirklich chinesisch und nicht mehr von ausländischen Priestern und Bischöfen dominiert.

Wie sieht diese Beziehung zwischen der Diözese Shanghai und der Stadtregierung von Shanghai heute aus? Gibt es immer noch solche direkten Kontakte oder ist es einfach insgesamt schwieriger geworden?

Die Kommunisten haben die »Katholische Aktion« in China aufgelöst. Man hat die Initiative insgesamt verboten und wollte eine andere Institutionalisierung der Beziehungen. Es sollte sich alles in der »Patriotischen Vereinigung« zusammenfinden. Die Katholiken wollten dieser Vereinigung zwar nicht beitreten, aber auch im Untergrund gibt es die »Katholische Aktion« nicht mehr. Wissen Sie, die Auflösung hat vor 60 Jahren stattgefunden. Das ist eine lange Zeit. Natürlich wurden von den Kommunisten alle Untergrundbewegungen besonders stark bekämpft. Alles, was im Untergrund stattfand, wurde als antirevolutionär und antikommunistisch angesehen. Es war natürlich unmöglich, eine funktionierende »Katholische Aktion« im Untergrund neu zu gründen oder fortzusetzen, auch weil die »Katholische Aktion« immer darauf ausgerichtet war, in die Gesellschaft hineinzuwirken.

Boxeraufstand (义和团运动) 1900/1901

Die Boxer verstanden sich als eine chinesische Volksbewegung zur Selbstverteidigung, die im Jahr 1898/99 im ländlichen Shandong entstand. Die Anhänger dieser Bewegung waren von religiösen und magischen Vorstellungen geprägt, u. a. mit dem Ziel, die Ausländer zu vernichten. Auch chinesische Christen wurden von den Boxern immer wieder angegriffen, da sie diese verantwortlich machten für die schweren Dürrezeiten. Die Boxer waren der Auffassung, dass die Trockenheit ein Zeichen des Zorns des Himmels und der Götter über die christlichen Kirchen sei.

Obwohl die Boxer Anhänger der Qing-Dynastie waren, versuchte der kaiserliche Hof unter der Führung der Kaiserinwitwe Cixi die Boxer bis ins Frühjahr 1900 zu unterdrücken, was allerdings nicht gelang. Nachdem daraufhin die Ausländer die chinesische Regierung unter Druck setzten, mehr gegen die Boxer zu unternehmen, änderte die chinesische Regierung ihre Haltung und sah in den Boxern Verbündete gegen die Ausländer. Mit dem Ziel, europäische Einrichtungen zu schützen, wirkten Japan und die USA intensiv darauf ein, dass die Boxer verboten wurden. Dieses Verbot ließ sich durch Verbindungen der kaiserlichen Truppen mit den Aufständischen nicht effektiv durchsetzen. Die ab Mai 1900 aufflammenden Attacken gegen Ausländer in der chinesischen Hauptstadt gewannen schnell an Heftigkeit. Erste herbeigerufene Schutztruppen der Fremden erwiesen sich als unzureichend. Schätzungen zufolge verbarrikadierten sich ca. 4000 chinesische Christen, Ausländer und Soldaten in Peking. Die alliierten Truppen stellten ein Ultimatum zur Übergabe der besetzten Forts, doch eröffneten chinesischen Truppen das Feuer. Am 19. Juni forderte die chinesische Regierung die Ausländer auf, China binnen 24 Stunden zu verlassen, 2 Tage später kämpften die kaiserlichen Truppen offiziell mit den Boxern gemeinsam Seite an Seite. Mehr als 200 ausländische Missionare und 32.000 chinesische Christen wurden getötet, darunter 18.000 Katholiken, 5 Bischöfe und 40 Priester. Das eilig unter Leitung des deutschen »Weltgenerals« Graf v. Waldersee aufgestellte Expeditionskorps der acht Nationen (Japan, Russland, Großbritannien, USA, Frankreich, Deutschland, Österreich-Ungarn und Italien) mit insgesamt ca. 20.000 Mann erreichte am 14. August Peking und befreite die ausländischen Gesandten. In Erinnerung blieb die bei der Verabschiedung der Truppen von Kaiser Wilhelm II. gehaltene »Hunnenrede« mit dem Satz, es werde »kein Pardon« gegeben und es seien »keine Gefangenen« zu machen. Bereits am 15. August flohen Cixi und ihr Rat aus Peking. Die Kaiserin machte die Boxer für die Niederlage verantwortlich und erteilte nach einem weiteren Seitenwechsel die Anweisung, erneut Regierungstruppen gegen sie einzusetzen. Das 1901 unterzeichnete »Boxerprotokoll« sah neben hohen Reparationszahlungen ein Verbot zum Waffenerwerb und organisatorische Veränderungen in der chinesischen Verwaltung vor. Besonders demütigend wurde die »Sühnemission« empfunden, die vom Vater des letzten chinesischen Kaisers, Prinz Tschun, ausgeführt wurde, indem er persönlich nach Berlin reisen musste, um sich für die Ermordung des deutschen Gesandten v. Ketteler zu entschuldigen. Demnach sollte Kaiser Puyis Vater vor Kaiser Wilhelm II. den Kotau vollführen, was von ihm umgewandelt wurde in einen von mehreren einfachen Verbeugungen geprägten Sühneakt am 4. September 1901 im Grottensaal des Neuen Palais in Potsdam.

Sie haben ja auch sehr viele Freunde im Ausland ...
Das ist richtig, aber auch hier ist es wie mit meinen Kollegen im Noviziat. Je länger man lebt, desto mehr Freunde verliert man. Nehmen Sie zum Beispiel meinen guten Freund Manfred Plate. Er war Chefredakteur von »Christ in der Gegenwart« und lebte in Freiburg. Ganz plötzlich starb er vor wenigen Jahren über Nacht. Er war ein

großer Freund Chinas, hat China geliebt. Er war mindestens zehnmal als Journalist hier zu Besuch.

Exzellenz, wie sind Sie nach Europa gereist, wie kamen Sie nach Rom?
Insgesamt war ich vier Jahre in Europa. Zuerst in Frankreich, dann in Rom. Später habe ich dann verschiedene Reisen unternommen und besonders viel von Deutschland gesehen. Deutschland gefiel mir sehr gut. Die Deutschen waren mir gegenüber immer sehr nett und freundlich. Besonders eine Familie hat mich großzügig aufgenommen und unterstützt. Es war die Familie des in Deutschland bekannten Malers Georg Meistermann, der unter anderem das Altarbild der Gedenkkirche Maria Regina Martyrium beim ehemaligen NS-Strafgefängnis Berlin-Plötzensee und ein bekanntes Porträt von Willy Brandt gemalt hat. Er und seine Familie halfen mir wirklich sehr.

Aber meine Reise von China zunächst nach Frankreich war ein kleines Abenteuer. Mit einem französischen Boot fuhr ich von Shanghai bis nach Marseille. Insgesamt dauerte die Reise 33 Tage. Es war ein unglaublich altes Boot, das noch aus der Zeit vor dem Ersten Weltkrieg stammte und das die Franzosen von den Deutschen gekapert hatten. Es trug den Namen »André Lebon«. Lustigerweise war es genau das gleiche Boot, mit dem Deng Xiaoping, der spätere Quasi-Präsident der Volksrepublik China, in den zwanziger Jahren nach Frankreich gereist war. Ich war damals mit zwei anderen Jesuiten aus Shanghai unterwegs. Der eine war schon Professor an der Aurora-Universität in Shanghai. Der andere war *praefectus studiorum*, also Studienleiter im St.-Ignatius-Kolleg. Ich war dagegen nur ein einfacher Priester aus dem Norden der Provinz Jiangsu. Der Professor von der Aurora-Universität blieb für einen Besuch fünf Monate in Europa. Der andere promovierte dann in Paris. Er hieß Francis Zhu und kehrte nach seinen Studien nach China zurück. Er ist in der Gefangenschaft gestorben. Ich war zunächst in Frankreich und dann zwei Jahre in Rom. Nach meiner Ankunft in Marseille bin ich weiter nach Paris gereist.

Wer hatte Sie eigentlich auf diese Reise geschickt? Und wie haben Sie Frankreich nach Ihrer Ankunft erlebt?

Mich hatte mein Provinzial beordert. Die Jesuiten in Shanghai unterstanden ja dem Provinzial in Paris. Er hatte angeordnet, dass ich für mein drittes Noviziatsjahr nach Frankreich kommen sollte, um anschließend für das Doktorat nach Rom zu gehen.

Meine erste Reise in Frankreich war sehr lustig. Ein Freund musste sein Auto einfahren, das er sich kurz vor meiner Ankunft gekauft hatte. Wissen Sie, damals musste man ein neues Auto noch einfahren. Zu diesem Zweck sind wir dann drei Wochen durch Nordfrankreich gefahren.

Mein gesamtes drittes Jahr des Noviziats, das wir Jesuiten nach der Priesterweihe absolvieren, habe ich in Paray-le-Monial verbracht, wo ich im Juni 1948 die letzten Gelübde ablegte. Anschließend reiste ich nach London und war bis Oktober in Dublin, um Englisch zu lernen. Erst danach kam ich nach Rom. Dort promovierte ich zwei Jahre lang im Fach Systematische Theologie. Mein Doktorvater, Charles Boyer, ein damals berühmter Dogmatiker, war der Dekan der Theologischen Fakultät. Er war auch Kanzler der Gregoriana Universität. Da er Franzose war, musste ich meine Thesen auf Französisch schreiben, über die Dreifaltigkeit beim Evangelisten Johannes.

Die Gregoriana war damals eine sehr internationale Universität. Allerdings gab es nicht sehr viele Chinesen. Immerhin waren wir drei Landsleute in Rom. Die beiden anderen Chinesen studierten an der Päpstlichen Universität Urbaniana. Diese Universität gehörte zur Kongregation für die Evangelisierung der Völker. Dort waren die meisten Studenten aus Asien oder Afrika, insbesondere aus Indien. Die Gregoriana ist die Universität der Jesuiten, also hatte ich als Jesuit an dieser Universität zu studieren. Die Universität selbst war wiederum in die verschiedenen Kollegs unterteilt, so gab es das deutsche, französische, englische, das belgische oder polnische Kolleg.

Als ich in Rom war, übernahmen die Kommunisten die Macht in China. Die meisten chinesischen Seminaristen und jungen Priester sind damals vom Bischof nach Manila geschickt worden. Nur mich beorderte er wieder zurück nach Shanghai. Auch hier war ich dann wieder in gefährlicher Umgebung im Einsatz. Aber immer habe ich überlebt.

Wie hat Ihnen das Doktoratsstudium gefallen?
Eigentlich war es für mich nicht sehr schwer. Ich hatte in Shanghai bereits vier Jahre Theologie studiert. Aber der Doktorgrad konnte in Shanghai nicht verliehen werden. Dazu musste ich nach Rom. Das Studieren und Leben war aber nicht mehr so streng wie in Shanghai.

Das Leben in Rom war insgesamt wunderschön. Die vier Jahre in Europa waren die besten meines Lebens. Ich war sehr frei, hatte nur zu studieren und in den Ferien konnte ich reisen. Ich hatte keine Sorgen und nur meine Thesen zu schreiben. Allerdings fanden auch dort alle Vorlesungen auf Latein statt. Das kann man sich heute gar nicht mehr vorstellen, aber alle Professoren und Studenten konnten damals fließend Latein sprechen. Ich habe natürlich auch Italienisch gelernt und auch schon mit Deutsch begonnen. Denn damals sagte man mir, dass man Deutsch können müsse, wenn man ein Gelehrter sein möchte. So fing ich damit im *Germanicum* an und verbesserte mein Deutsch auf meinen Reisen nach Österreich und Deutschland. Leider wurde ich dann doch kein Gelehrter, sondern landete im Gefängnis.

Haben Sie in dieser Zeit auch viele andere ausländische Studenten kennengelernt?
Als ich 1948 nach Rom kam, wohnte ich zu Beginn einen Monat lang im Collegium Germanicum, genau heißt es ja Collegium Germanicum et Hungaricum, dem Priesterseminar gleich neben dem Petersdom, das mein Ordensgründer Ignatius von Loyola mitbegründet hat. Dort wohnten damals über 100 deutsche Studenten. In dieser Zeit begegnete ich einem jungen Mitstudenten der Philosophie, der Hans Küng hieß und später ja sehr bekannt wurde. Ein anderer Kollege war der spätere Kardinal Friedrich Wetter, der ehemalige

Die Päpstliche Universität Gregoriana

Als eine aus der ersten Jesuitenschule *Collegio Romano* hervorgegangene Universität päpstlichen Rechts wurde die heutige Gregoriana 1551 von Ignatius von Loyola (1491–1556), dem Gründer des Jesuitenordens, ins Leben gerufen. Ihren jetzigen Namen erhielt die Universität 1873 im Gedenken an ihren langjährigen Förderer Papst Gregor XIII. (1502–1585).

Während bis ins 19. Jahrhundert an der Gregoriana auch mathematische und naturwissenschaftliche Forschungen vorgenommen wurden, liegt die Ausrichtung der sechs Fakultäten heute dagegen in kirchenbezogenen, philosophischen und der Soziologie zugewandten Wissenschaftsbereichen.

Angesichts der gewachsenen Bedeutung, die der Vatikan derzeit den Ländern im Nahen und Mittleren Osten beimisst, bietet die Gregoriana im Rahmen des interreligiösen Dialogs seit einiger Zeit für die Diplomaten aus mehrheitlich muslimischen Ländern eigene Lehrveranstaltungen an.

Als eine herausragende päpstliche Bildungseinrichtung sind unter den Studenten und Dozenten zahlreiche wichtige Persönlichkeiten anzuführen, darunter Papst Paul VI. (1897–1978), Hans Küng (geb. 1928), der Kölner Erzbischof Joachim Kardinal Meisner (geb. 1933) oder Karl Kardinal Lehmann (geb. 1936), der Bischof von Mainz und ehemalige Vorsitzende der Deutschen Bischofskonferenz.

Erzbischof von München und Freising. Als ich nach meiner Freilassung Deutschland besuchte, begegneten wir uns wieder und wurden Freunde. Beide waren mir gegenüber immer sehr nett.

Hans Küng hat mir immer alle seine Bücher geschickt. Ich habe sie hier im Regal. Sehen Sie, hier schrieb er mir auch eine Widmung: »Für Bischof Aloysius zur Ermunterung in freundschaftlicher und herzlicher Verbundenheit, Hans Küng«. Alle seine Werke habe ich hier.

Mein Deutsch war damals noch nicht so gut, dass ich an den Diskussionen der Studenten teilnehmen konnte. Aber ich habe dort viel gelernt. Es war auch sehr interessant, dass die Mitglieder der einzelnen Kollegs eigene, unterschiedliche Talare trugen. Man konnte schon von weitem erkennen, dass jemand im Germanicum lebte, weil er den roten Talar mit dem schwarzen Gürtel trug. Nur die Jesuiten an der Gregoriana trugen keine besondere Kleidung.

An welche Erlebnisse können Sie sich noch gut erinnern?
Ein Ereignis in meiner Zeit in Rom war sehr spannend. Zunächst war da die Gregoriana, meine *alma mater*. Der *rector magnificus*, Pater Paolo Dezza, war ein sehr guter und intelligenter Mensch. Er wurde später sogar Kardinal. Er war auch Beichtvater von Papst Paul VI. und Johannes Paul I. Als 1981 der Generalobere der Jesuiten, Pater Pedro Arrupe, sehr krank wurde, wurde ein Nachfolger gesucht. Pater Dezza wurde in dieser äußerst schwierigen Situation vom Papst zum »Delegaten« – also Gesandten mit den Aufgaben des Generaloberen der Jesuiten – beauftragt. Das war eine sehr schwere Aufgabe, denn das Vorgehen des Papstes war ein Verstoß gegen die Regeln der Gesellschaft Jesu, die ihren Generaloberen eigentlich selber wählen. Sie können sich vorstellen, dass die Jesuiten damals sehr unzufrieden waren. Aber Pater Dezza schaffte es, immer sehr diplomatisch und klug zu handeln.

Kamen Sie auch dazu, die Stadt Rom zu erkunden?
Die Stadt Rom ist ja voll von Denkmälern aus dem Römischen Reich und Monumenten aus dem Mittelalter, der Renaissance bis in die heutige Zeit. Die ganze Stadt ist ein großes Museum. Jeden Samstagnachmittag machte ich Besichtigungen und besuchte natürlich immer auch das Grab des hl. Ignatius in der Kirche Il Gesù. Durch verschiedene Andachten habe ich mit dem heiligen Ignatius eine sehr persönliche Beziehung aufgebaut. Er ist mein großes Vorbild. Er hat die Welt zum Besseren verändert.

Und nach dem Studium, wohin hat Sie Ihre Reise durch Europa dann geführt?

Nachdem ich mein Studium an der Gregoriana absolviert hatte, bin ich wieder auf Reisen gegangen. Zuerst fuhr ich nach Österreich. Dort lernte ich Karl Rahner kennen, den berühmten Theologen. Ich war damals mit ihm zwei Monate in Innsbruck. Dort gibt es eine wichtige Jesuitenhochschule. Karl Rahner und ich lebten zusammen im gleichen Haus. Sein Zimmer war direkt neben meinem. Wir aßen zusammen und unternahmen viele Spaziergänge. Karl Rahner wurde ein sehr guter Freund von mir. Ich hatte damals nicht geahnt, dass er einmal so berühmt werden sollte. Damals war er ein junger Professor. Wir sprachen über die verschiedensten Themen miteinander, über theologische Fragen, aber besonders auch über die Mission und über China. Er interessierte sich sehr für die Mission in China. In den 40er Jahren war er noch gar nicht berühmt. Ganz im Gegensatz zu seinem Bruder. Hugo Rahner war damals schon ein bekannter Historiker und Rektor der Universität Innsbruck. Später überholte dann wohl Karl Rahner seinen Bruder Hugo an Bekanntheit. Meine Erinnerung an Hugo Rahner ist allerdings beschränkt. Ich weiß nur noch, dass er immer nur zum Essen kam, um dann wieder an der Universität zu arbeiten, und dass er immer eine Havanna-Zigarre geraucht hat, wenn er bei uns war. Karl Rahner rauchte dagegen nie.

Erst nach meiner Zeit in Innsbruck kam ich nach Deutschland. Ich fuhr durch Passau, Pullach, München, Frankfurt, Köln, Aachen und dann weiter nach Belgien und wieder nach Frankreich. Schließlich reiste ich von Paris zurück nach Marseille und von dort mit dem Boot nach Hongkong. Im Januar 1951 kam ich in Hongkong an.

Insgesamt war ich ungefähr vier Monate in Deutschland, zwei Monate in Österreich und zwei Wochen in der Schweiz. Bei den Aufenthalten in diesen drei Ländern habe ich auch mein Deutsch verbessert, so dass ich heute noch fast alles verstehe.

Sie sind damals durch das Europa gefahren, das gerade den Zweiten Weltkrieg erlebt hatte. Konnte man das noch spüren?

Der Zweite Weltkrieg war noch an vielen Orten sichtbar. Als ich in Marseille ankam, sah man noch viele gesunkene Schiffe im Meer. Die jungen Schüler, denen ich 1949 in Deutschland begegnet bin, hatten keine Schuhe an, sondern mussten barfuß in die Schule gehen. Alles war sehr ärmlich. Ich kann mich noch daran erinnern, dass ich einmal in einem Ort war, an dem eine Bahnschiene am Boden verlaufen ist. Man erklärte mir, dass hier einmal eine ganze Stadt gestanden habe. Aber durch die Teppichbombardierung war alles zerstört worden. Ich verließ Deutschland 1950. Als ich dann das nächste Mal wieder nach Deutschland kam, war es das Jahr 1986. Wie wunderbar sich alles verändert hatte. Im Gegensatz zu China damals, das noch immer so war wie früher, war das wirklich ein Wunder.

Gründung der VR China (中华人民共和国) 1949

Nachdem die Kommunisten unter der Leitung Mao Zedongs die nationalistischen Kuomintang unter Tschiang Kai-shek (1887–1975) besiegt hatten und die Kuomintang nach Taiwan flohen, rief Mao am 1. Oktober 1949 die Volksrepublik China aus. Die neue Regierung übernahm die Kontrolle über das seit Jahrzehnten von Kriegen heimgesuchte Land. Sie formte einen Staat nach dem Vorbild des Leninismus, allerdings nicht genau nach derselben Staatsstruktur wie die Sowjetunion.

Die Kommunisten bezeichneten ihren Sieg über die Nationalisten als eine von der Kommunistischen Partei Chinas (KPCh) angeführte »neu-demokratische« Revolution. Seit 1947/48 hatten acht Parteien mit der KPCh in einer »Einheitsfront« zusammengearbeitet und wurden daher zunächst an der Staatsführung beteiligt.

Die kommunistische Führung gewann schnell Popularität beim Volk, da sie erfolgreich die Inflation bekämpfte und die Infrastruktur wieder aufbaute. Die bis 1949 darniederliegende Landwirtschaft wurde rekultiviert, so dass sich das Land wieder selbst versorgen konnte. Desweiteren bemühte sich die Regierung um die Einleitung gesellschaftlicher Reformen.

Zwischen 1950 und 1953 wirkten sich vor allem zwei Reformen nachhaltig aus. Zum einen die Bodenreform und zum anderen die Reform von Ehe und Familie. Die Bodenreform betraf mehr als 80 % der Bevölkerung. Fast 40 % der landwirtschaftlichen Nutzflächen wurden gleichmäßig umverteilt. Mit der Reform von Ehe und Familie sollten Polygamie und das System der arrangierten Ehen und Kinder-Verlobungen abgeschafft werden.

Eine Begleiterscheinung dieser ersten Jahre, die die Herrschaft der Kommunistischen Partei sichern sollte, war die Hinrichtung der Anhänger des alten Regimes. Bis zum Herbst 1952 gab es einige Millionen Hinrichtungsopfer, betroffen waren vor allem die ehemaligen Großgrundbesitzer und Gegner der Kommunisten. Um die ideologische Ausrichtung innerhalb des Systems zu stärken, gab es eine Reihe von Kampagnen, wie die sogenannten Drei-Anti- und Fünf-Anti-Bewegungen, die zur Disziplinierung der Beamten und der städtischen Unternehmer dienten. Durch den Terror dieser Bewegungen konnte sich die KPCh eine straffe Kontrolle über die Städte sichern. Gegen Ende 1953 hatte die Partei den Verwaltungsapparat bereits mit ihren Gefolgsleuten besetzt. Ab Mitte der 50er Jahre führte die von schweren Auseinandersetzungen innerhalb der Kommunistischen Partei geprägte Politik zu katastrophalen gesellschaftlichen und wirtschaftlichen Verhältnissen.

Hatten Sie in der ganzen Zeit Ihres Aufenthaltes in Europa Kontakt nach Hause, nach Shanghai?
Bis zum Sommer 1949 hatte ich immer Kontakt mit der Heimat. Ich bekam immer wieder Post aus China und habe selbst Briefe ge-

schrieben, bis die Kommunisten an die Macht kamen. Die Post hat damals ewig gedauert. Es gab ja nur die Möglichkeit der Seepost. Aber dann ist China hinter einem Bambusvorhang verschwunden und alle Kontakte waren schlagartig abgebrochen. Allerdings kamen noch viele Flüchtlinge aus China nach Europa, die Nachrichten und Neuigkeiten aus der Heimat mitbrachten. Viele sind auch nach Hongkong geflohen, unter anderem entfernte Verwandte von mir. Sie haben mir noch von dort aus geschrieben. Aber bis zu meiner Rückkehr 1951 nach China hatte ich keinen direkten Kontakt mehr nach Shanghai.

Wie war Ihre Rückkehr dann nach China?
Zurück ging es 1951. Zunächst reiste ich viele Tage auf einem französischen Schiff nach Hongkong. Von Hongkong nach Shanghai bin ich dann mit der Eisenbahn gefahren. In Hongkong wurde ich noch in Ruhe gelassen. Es war eine Kolonie, in der die Chinesen nicht herrschten. Bis heute ist ja Hongkong ein Ort des reinen Kapitalismus.

Aber gleich nach meiner Ankunft in Shanghai haben mich die Kommunisten verhört. Sie wollten wissen, warum ich nach Shanghai zurückkomme. Alle anderen Priester und Bischöfe seien geflohen, ob nach Taiwan, Hongkong, Macao oder nach Manila. Es stand für die Kommunisten damals fest, dass ich einen Auftrag haben musste, dass ich direkt von Papst Pius XII. gesandt worden bin. So wollten sie wissen, welchen Auftrag ich nun habe. Später landete ich dann im Gefängnis, weil mir vorgeworfen wurde, ein Geheimagent des Papstes zu sein. Persönlich sei ich von ihm beauftragt worden, die chinesische Regierung zu stürzen. Man hielt mich für einen internationalen Agenten. Das hat mir dann 27 Jahre Gefangenschaft eingebracht. Dabei bin ich dem Papst natürlich nie persönlich begegnet. Ich habe ihn nur gesehen, als ich auf dem Petersplatz unter den hunderttausenden Gläubigen stand und er den Segen »Urbi et Orbi« gespendet hat. Ich war ein gewöhnlicher Student. Der Papst empfängt doch nur hochrangige Gäste, nicht einen chinesischen Studenten.

Sie kamen 1951 zurück nach Shanghai, wurden aber erst 1955 von den Kommunisten verhaftet. Was ist in diesen vier Jahren passiert?
Zunächst wurde ich zum Rektor des Priesterseminars der Jesuiten ernannt. Das Seminar war in dem Gebäude untergebracht, in dem heute die Regierung des Shanghaier Bezirks Xujiahui ihren Sitz hat. Es waren damals über 100 Studenten in dem Seminar, später sogar über 300, da die Kommunisten alle anderen Seminare, die letzten in der Stadt Wuhan, in der Provinz Sichuan und das in Peking, geschlossen hatten. Alle Studenten kamen also zu mir. Mein Seminar war damit eine wichtige Einrichtung geworden. Es gab nur noch chinesische Studenten, da alle Ausländer bereits ausgewiesen worden waren. Die Kommunisten versuchten natürlich, auch mein Seminar mit ihrer Ideologie zu durchsetzen. Aber ich habe mich dem immer verweigert. Bis zu meiner Verhaftung gab es keinen kommunistischen Unterricht. Nach meiner Verhaftung betrieben die Kommunisten das Seminar noch ein Jahr weiter und alle Studenten mussten Marxismus und Kommunismus studieren. Dann wurde auch das letzte Priesterseminar Chinas geschlossen.

Nachdem der Obere des Jesuitenordens in Shanghai verhaftet worden war, wurde ich vor meiner eigenen Verhaftung noch Vizesuperior, also Vizeoberer der Jesuiten in Shanghai. Als dann auch der Visitator des Jesuitenordens für ganz China, ein Ausländer, des Landes verwiesen wurde, bekam ich auch diese Aufgabe übertragen. Ich wurde somit Vizevisitator. Wie vorhin schon gesagt, bin ich immer ein Vize in meinem Ordensleben gewesen, weil die Hauptverantwortlichen verhaftet oder im Exil waren.

Was war denn der Grund für Ihre Rückkehr? Sie waren kein Agent, und der Papst hatte Sie nicht mit irgendetwas beauftragt. Warum sind Sie wieder zurück nach Shanghai gegangen?
Es gab eigentlich zwei Gründe. Ich hatte mein Doktoratsstudium beendet. Damals wollte mich Erzbischof Celso Costantini nach Lateinamerika schicken. Er war von 1922 bis 1933 erster Apostolischer Delegat für China, also der Vertreter des Heiligen Stuhls für die

kirchlichen Institutionen. Davor waren ja nur die ausländischen Orden in China präsent. Lokale kirchliche Strukturen mit chinesischen Bischöfen gab es noch nicht. Costantini sollte selbstständige Kirchenstrukturen wie in Europa aufbauen und war ein großer Vertreter der Inkultivierung gemäß dem Apostolischen Schreiben »Maximum illud« vom 30. November 1919 von Papst Benedikt XV., das verlangte, stärker auf kulturelle und nationale Eigenheiten der Nationen einzugehen und einen einheimischen Klerus auszubilden. Diese sollten langfristig die Missionare ablösen. 1926 organisierte Costantini die erste Synode der Kirche in China und der Abschlussgottesdienst fand in unserer Shanghaier Xujiahui-, also der St. Ignatius-Kathedrale statt. Noch im selben Jahr fuhren die ersten sechs chinesischen Priester nach Rom, um von Papst Pius XI. im Petersdom zu Bischöfen geweiht zu werden. Costantini war ein bewundernswerter Mensch. Ich kannte ihn sehr gut. Als er nämlich nach seiner Rückkehr in Rom Chef der Evangelisationskongregation wurde, habe ich gerade dort studiert. Ich ging ihn jeden Monat besuchen. Er war sehr liebenswert, liebte und verstand China. Er war ein wahrer Prophet. Jedenfalls meinte Costantini zu mir, es wäre bereits zu gefährlich, nach China zurückzukehren, da die Christenverfolgung durch die Kommunisten bereits voll im Gange wäre. Ich habe ihm aber gesagt, dass ich zurück nach China müsste. Ich habe ihm erklärt, es gäbe in China drei Millionen Katholiken, die meisten von ihnen Bauern, sehr arme Leute. Und da alle Missionare bereits das Land verlassen hätten, viele chinesische Priester geflohen oder bereits verhaftet worden seien, gäbe es niemanden mehr in China, der sich um die drei Millionen Katholiken kümmere.

Der zweite Grund für meine Rückkehr war folgender: Als ich jung war, waren viele Russen in Shanghai. Sie waren vor Lenin und Stalin nach Shanghai geflohen. Sie haben alles verkauft, haben ihre Heimat verlassen und sind verarmt. Mir war klar, dass ich nicht als chinesischer Flüchtling in Europa oder Lateinamerika enden wollte. Außerdem wollte ich nicht als chinesischer Priester in der

Welt herumirren, während es in China kaum Hirten für die Gläubigen gab. Ich musste zurück nach China.

Konnten Sie Kontakt mit Ihren Freunden in Europa, in Rom, an der Gregoriana halten?

Der gesamte Kontakt ins Ausland war abgebrochen. Es war schon schwer genug, einen Brief innerhalb Chinas zu verschicken. Aber die gesamte Post ins Ausland wurde kontrolliert und zensiert. Da war es unmöglich, noch weiter Kontakt zu halten. Innerhalb Chinas konnte man Freundschaften pflegen. Aber selbst der Kontakt unter uns Priestern ist immer schwieriger geworden. Man konnte nicht mehr offen sprechen. Überall war Polizei und Geheimpolizei. Die Agenten der Kommunisten waren überall. Ich habe immer gesagt: Die Kommunisten und Gott sind absolut gleich. Sie sind überall, sie wissen alles. Wir wurden alle ausspioniert. Zunächst wurden unsere Arbeiter und Angestellten als Agenten von den Kommunisten eingesetzt. Im Seminar hatte ich damals ca. 30 Angestellte, in der Küche, im Garten und so weiter. Diese Angestellten waren zum Teil Agenten. Auch unter den Seminaristen waren Spitzel. Leider waren sogar, ähnlich wie es vor einigen Jahren in Polen herausgekommen ist, Bischöfe Informanten der Kommunisten.

Dann kam im Jahr 1955 der Tag Ihrer Verhaftung, der Ihr ganzes Leben verändert hat.

Das war der 8. September 1955. Ja, das war ein unglaublich einschneidender Tag. In ganz China, vom Norden bis nach Guangdong im Süden und von Shanghai im Osten bis in die westlichste Provinz Xinjiang wurden in derselben Nacht mindestens 2000 Katholiken verhaftet. Die Kommunisten wollten alle einflussreicheren Katholiken auf einmal eliminieren oder nationalisieren. So sind in Shanghai über 500 Personen verhaftet worden: der Bischof von Shanghai, 30 Priester, viele Schwestern, hunderte von Studenten.

Ich wurde um zehn Uhr nachts gleichzeitig mit den anderen Katholiken verhaftet. Ich wollte gerade ins Bett gehen, als pünktlich um zehn Uhr eine Horde Polizisten in unserem Seminar einfiel, um mich sowie zehn weitere Professoren und ungefähr 20 Seminaristen festzunehmen. Wir durften nichts ins Gefängnis mitnehmen, auch mein Kreuz, mein Rosenkranz und mein Brevier wurden beschlagnahmt. Auch der Gürtel wurde uns abgenommen, selbst die Knöpfe von unserer Kleidung wurden abgeschnitten. In der Haftanstalt hatte ich keine Bibel, kein Missale. Ich hatte kein Gebetbuch und auch kein einziges anderes Buch. Ich bekam weder Papier noch Stift, außer, als ich das Geständnis schreiben musste, aber dann natürlich nur zum vorübergehenden Gebrauch. Nachdem ich mit dem Schreiben fertig war, wurden Papier und Stift sofort wieder abgenommen.

Ironischerweise wurde der Polizeichef von Shanghai, Xu Jianguo, der uns verhaften ließ, dann später selbst verhaftet und in das gleiche Gefängnis geworfen wie ich. Er ist in der Gefangenschaft umgekommen, ich habe überlebt. Er war nicht nur Polizeichef, sondern auch Vizebürgermeister von Shanghai und zugleich Vizeminister für Öffentliche Sicherheit, also ein sehr wichtiger Mann. Später war er dann Botschafter der Volksrepublik China in Rumänien. Dann wurde er als Botschafter nach China zurückbeordert, um dem Außenminister Bericht zu erstatten. In China angekommen, wurde er am Flughafen direkt festgenommen und ins Gefängnis gebracht, in dem auch ich war. Ich habe das aber gar nicht mitbekommen, sondern erst später in einer Akte gelesen. Ironischerweise hatte er mir als Polizeichef gesagt, dass ich nie wieder aus diesem Gefängnis herauskommen würde. Zum Schluss war er es aber, der nicht mehr herauskommen sollte.

Wir wurden nach der Verhaftung alle in Einzelzellen gebracht, zunächst in einem Gefängnis im Süden von Shanghai, ganz in der Nähe der Franz-Xaver-Kirche, in der ich geweiht worden bin. 1973 wurde ich nach Peking, dann in die Mandschurei, dann in die Provinz Henan und später in die Provinz Hebei verlegt. Ich sah somit viele Gefängnisse von innen.

Wie war die Behandlung in den Gefängnissen?

Das war ganz unterschiedlich. Manchmal wurde ich sehr gut, manchmal sehr schlecht behandelt. Das hing ganz besonders von der politischen Atmosphäre außerhalb des Gefängnisses ab. Wenn der Klassenkampf draußen tobte, wurden auch wir schlecht behandelt. Wenn die Kämpfe nicht so schlimm waren, dann ging es uns auch in den Gefängnissen verhältnismäßig besser. Körperlich misshandelt wurde ich zum Glück nie. Gott sei Dank. Aber Hunger hatte ich. Manchmal bekam ich 30 Tage lang morgens, mittags, abends nur gekochte Kartoffeln. Kein Öl, kein Salz, kein Gemüse, einfach nichts dazu. Das war schlimm. Zu trinken bekamen wir nur eine Flasche Wasser am Tag. Das war eine harte Zeit. Wir konnten und durften in der Zelle nichts tun, zu lesen gab es nichts, auch beten war verboten. Selbst wenn ich nur meine Lippen bewegte, wurden ich von den Wachen angeschrien, beten sei verboten, denn es gäbe keinen Gott.

Wie wurden Sie in dieser Zeit verhört?

Jeden Tag wurde ich verhört. Die Gefängnisangestellten mussten mich dazu bekommen, dass ich zugab, ein internationaler Agent zu sein. Sechs Monate lang wurde ich von acht Uhr abends bis morgens zwei Uhr verhört. Das war fürchterlich. Von Montag bis Samstag ging das jeden Tag so. Nur am Sonntag wurde ich nicht verhört. Abends wurde ich abgeholt und in einem Raum auf den Lehmboden geworfen. Auf einer hohen Tribüne saßen fünf Verhörbeamte, die tranken und rauchten. Als Gefangener bekam ich dagegen sechs Stunden nichts. Ich wurde nur verhört. Dann wurde ich nach zwei Uhr nachts wieder auf meine Zelle gebracht und konnte danach natürlich überhaupt nicht schlafen. Um sechs Uhr morgens mussten wir dann aufstehen und den Tag über arbeiten. Abends um acht Uhr begann das nächste Verhör. Das war auch eine Art von Folter, aber wenigstens keine körperliche. Jede Woche 36 Stunden Verhör. Ich musste auf dem Boden sitzen, man bekam keinen Stuhl. Selbstverständlich hatte ich ab dem Datum meiner Verhaftung keinen

Kontakt zu vertrauten Menschen mehr. 25 Jahre hatte ich keine Besuche, keine anderen Priester gesehen, ich war völlig abgeschnitten von der Außenwelt.

Der Vorwurf der Kommunisten war auch, dass Sie Mitglied eines Unter-grund-Netzwerkes um Bischof Ignatius Gong gewesen seien, das den Einfluss der kommunistischen Propaganda auf die Gläubigen einzudämmen versuchte. Was hatte es mit dem Netzwerk auf sich?
Die sogenannte chinesische Untergrundkirche wurde erst allmählich in den frühen 1980er Jahren von Joseph Fan Xuean gegründet, dem Bischof von Baoding. Davor waren ja alle Kirchen geschlossen und der Glaube verboten. Grund für dieses Gerücht einer frühen Untergrund-Bewegung nach der kommunistischen Machtergreifung ist ein 800 Seiten langes sogenanntes Geständnis von Pater Ferdinand Lacretelle, dem damaligen Superior der Jesuiten-Mission in Shanghai. Er wurde am 15. Juni 1953 verhaftet und verbrachte ein Jahr im Gefängnis in Shanghai, wo er diesen Bericht schrieb. Darin erwähnt er in einem Absatz eine junge, energische, gebildete und qualifizierte Jesuitengruppe, mit den Talenten, Dinge zu organisieren, zu predigen und so weiter. Konkret nannte er acht Namen: Zhang Boda, Chen Yuntang, Wang Rensheng, Chen Tianxiang, Cai Zhongxian, Zhu Shude, Zhu Hongsheng, Jin Luxian. Für die Gruppe benutzte Pater Lacretelle das französische Wort Équipe. Das chinesische Amt für öffentliche Sicherheit übersetzte dies phonetisch als »Ai Ji Bo«. Der Hauptvorwurf war, als ich zwei Jahre nach Lacretelle verhaftet wurde, dass ich ein Mitglied von »Ai Ji Bo« war. Die sogenannte »Ai Ji Bo« existierte in Wirklichkeit gar nicht, jedoch in dem Bericht von Pater Lacretelle und in den Dateien vom Amt für öffentliche Sicherheit.

Gleichzeitig sind Sie vom damaligen vatikanischen Nuntius Antonio Riberi als verdächtiges Element in Rom angeschwärzt worden, weil Sie angeblich eine Dekolonisierung der chinesischen Kirche für notwendig hielten. Stimmt das?

Als ich 1951 zurückkehrte, hatte die Kommunistische Partei das Regime bereits für zwei Jahre an sich gerissen. Das Problem, mit welchem die Kirche konfrontiert war, war nicht mehr, dass sie sozusagen entkolonisiert werden musste, auch wenn die Kommunistische Partei das anfangs populistisch forderte und Nuntius Riberi dagegen Einspruch einlegte, da eine Spaltung in Nationalkirchen nicht mit der Auffassung einer katholischen Weltkirche zusammenpasst. Das neue und viel größere Problem in China war eine aufkommende innerchinesische Verfolgung der Kirche. Ausländische Missionare waren ja schon von Regierungsseite gezwungen, China zu verlassen. Aber für die drei Millionen chinesischen Katholiken war es nicht möglich, auswandern. Also schlug ich Bischof Gong Pinmei und Bischof Zhu Kaimin vor, die neue Situation klar zu analysieren und zu beurteilten, um verantwortlich handeln zu können. Ich schlug vor, eine Konferenz aller Bischöfe mit chinesischer Staatsangehörigkeit abzuhalten, um Maßnahmen für die schwierigen Situationen festzulegen, also einen *modus vivendi* zu finden, wie das auf lateinisch heißt. Doch irgendjemand berichtete von meinem Vorschlag an Antonio Riberi, den Botschafter des Vatikans bei der Kuomintang-Regierung, der noch in Nanjing wohnte. Er fasste das dann so auf, dass ich gegen die ausländischen Priester eingestellt sei und meine Vorschläge und mein Standpunkt falsch seien. Die beiden Bischöfe Gong und Zhu wagten nicht, eine chinesische Bischofskonferenz einzuberufen. Kurz darauf, im September 1951, wurde der Nuntius ausgewiesen und alle ausländischen Missionare verließen China.

Exzellenz, wie haben Sie die Zeit im Gefängnis überlebt? Was hat Ihnen Kraft gegeben?
Nur der Glaube. Er hat mich diese Zeit überleben lassen. Und das Gebet. Ich habe oft den ganzen Tag innerlich gebetet. Wie schon gesagt, als ich jung war, habe ich eine Biographie der Karmelitenschwester Elisabeth von der Dreifaltigkeit gelesen. Sie schrieb, dass die Dreifaltigkeit im Himmel wohnt. Aber da wir die Dreifaltigkeit

als Christen bereits jetzt im Herzen tragen, geht es uns, als seien wir bereits im Himmel. So habe ich mir gedacht: Du hast zwar alles verloren, sogar deine persönliche Freiheit. Aber Gott ist in dir. Daher musst du glücklich sein, so glücklich wie im Himmel. Dieser Gedanke hat mir sehr viel Mut gegeben und mir damals wie heute das Leben gerettet. Auch heute, wenn ich mich als Bischof mit Problemen beschäftigen muss, denke ich fest daran, dass wir, vor allem durch die Eucharistie, bereits jetzt die Dreifaltigkeit im Herzen tragen. Das gibt mir Mut und Zuversicht und lässt mich den Himmel spüren.

Hatten Sie nie Angst?
Die Bibel sagt uns über dreihundert Mal, dass wir keine Angst haben sollen. Auch Johannes Paul II. sagte immer wieder: »Habt keine Angst.« Nein, Angst hatte ich nicht.

Welches Ziel hatten die Verhöre, die sich über sechs Monate hingestreckt haben? Und zu was für einem Urteil hat das schließlich geführt?
Die Regierung erwartete also von mir ein Geständnis, dass ich ein Gesandter des Papstes bin, dass ich ein internationaler Spion bin, der die Gegenrevolution organisieren soll. Ich habe das natürlich alles bestritten, denn ich hatte den Papst ja nie getroffen. Dennoch wurde mir wieder und wieder erklärt, dass ich persönlich vom Papst nach China gesandt worden sei. Später verurteilte man mich dann, zusammen mit 17 anderen Personen, wegen verschiedenster angeblicher Vergehen gegen die chinesische Regierung. Als erstes wurde der Bischof von Shanghai, Ignatius Gong zu lebenslanger Haft verurteilt. Fünf weitere Angeklagte bekamen 20 Jahre, ich 18 Jahre mit anschließendem Lageraufenthalt von neun Jahren. Andere Angeklagte wurden zu zwölf oder fünf Jahren Gefängnis verurteilt.

Können Sie heute allen vergeben? Oder haben Sie noch Groll, wenn Sie an gewisse Menschen denken? Konnten Sie im Gefängnis Ihre »Feinde lieben«?

Ich kann allen vergeben. Im Gefängnis habe ich niemanden gehasst. An jedem Tag betete ich dutzende Male: »O, Herr, vergib mir meine Schuld, wie auch ich meinen Schuldigern vergebe.« Ich bin ein großer Sünder vor dem Angesicht Gottes. Ich bete zu Gott, mir zu vergeben. Wie soll ich da anderen nicht vergeben?

Mein Hauptgedanke im Gefängnis war, dass so viele Personen, die verhaftet wurden, aufgrund ihres Glaubens und ihrer Standhaftigkeit leiden mussten. In den frühen 1950er Jahren wurde ungutes Verhalten für richtig erachet und gefördert. So waren Menschen von ihren Taten, die den kommunistischen Idealen dienen sollten, überzeugt. Sie bekämpften und misshandelten Menschen, die anderer Auffassung waren. Ich betete für sie. Ich hoffte, dass diese Menschen uns unsere andere Weltsicht verzeihen können. Ich wiederhole, ich habe niemanden gehasst, sondern stets für sie gebetet, bis heute.

Die Kommunisten hatten ja schon früh die katholische Universität Aurora in Shanghai an sich gezogen. Was wurde dort verändert?
Die Universität wurde nicht geschlossen, sondern man hat sie einfach komplett umstrukturiert zu einer Hochschule für Medizin. Die Aurora war eine große Universität und hatte schon zuvor eine medizinische Fakultät, aber auch eine juristische sowie eine Fakultät für Ingenieurwesen und eine für Literaturwissenschaften. Theologie und Philosophie wurde an der Aurora nicht unterrichtet, dazu hatten wir das Seminar. Die Kommunisten haben sofort nach der Machtübernahme die jesuitische Leitung der Aurora ersetzt und alle Führungspositionen besetzt. Die Studenten der verschiedenen Fakultäten wurden auf andere Universitäten, vor allem die Fudan Universität, die noch heute eine Eliteuniversität in Shanghai ist, verteilt. Nur die Medizinstudenten konnten in der neuen Hochschule weiterstudieren.

Wie wurde die Kirche noch von den Kommunisten aus dem öffentlichen Leben verdrängt?

Die Kirche sollte aus der öffentlichen Wahrnehmung komplett verschwinden. Alle Schulen wurden uns entzogen. Das waren immerhin mehr als 20 Mittelschulen und zwei Universitäten. Die neue Regierung konfiszierte die zehn katholischen Krankenhäuser sowie alle karitativen Einrichtungen, wie unsere Waisenhäuser und Altenheime. In ganz China gab es 1948 noch 254 Waisenhäuser und 196 Krankenhäuser in katholischer Trägerschaft. Nur die Pfarreien hat man uns gelassen. Und anfangs das Seminar in Shanghai. Alles andere war dann in der Hand der Kommunisten.

1952 gab es das Schreiben »Cupimus Imprimis« von Papst Pius XII. an die chinesischen Christen, in dem er ihre christlichen Werke der Nächstenliebe lobt. Sie seien keine Agenten fremder Mächte, sondern Anhänger Jesu und stünden damit jenseits aller Politik und aller Rassen- und Sozialideologie. Mit tiefem Mitgefühl bedauerte er, dass die chinesische Erde »rot« sei durch das »Blut der christlichen Märtyrer«. Hat man das in China überhaupt mitbekommen?
Dieser Brief an die chinesischen Christen hat die chinesischen Christen nie erreicht. Wir waren hinter einem Eisernen Vorhang. Alle Kontakte mit dem Ausland waren unterbunden. Auch das Schreiben »Ad Sinarum Gentem«, das zwei Jahre später vom Papst herausgegeben wurde, haben wir in China weder erhalten noch davon überhaupt etwas mitbekommen. Während meiner Gefangenschaft habe ich sowieso gar nichts mehr mitbekommen. Ich war komplett von der Außenwelt abgeschnitten. Ich habe überhaupt keine Nachrichten mehr erhalten. Im Gefängnis gab es natürlich kein Telefon, wir erhielten keine Briefe, keine Zeitung, keine Besuche. Von 1955 bis 1976 bekam ich nichts von dem mit, was draußen passierte.

Das heißt auch, dass Sie vom 2. Vatikanischen Konzil und dessen Ergebnissen nichts erfahren haben?
Als das 2. Vatikanische Konzil stattfand, war ich im Gefängnis. Nicht nur ich wusste nichts davon, niemand in den chinesischen

Kulturrevolution (无产阶级文化大革命)
1966–1976

Die von Mao Zedong in Gang gesetzte »Große Proletarische Kulturrevolution«, die auch in Europa Ende der 60er Jahre einen erheblichen Einfluss auf junge Intellektuelle entwickelte, hatte sich eine radikal neue Gesellschaft zum Ziel gesetzt. Alle Bindungen an die Vergangenheit wie Familie, Kultur, Religion und Wissenschaft sollten abgeschafft werden. In China rissen die jugendlichen »Roten Garden« für kurze Zeit die Macht an sich, zahlreiche Menschen wurden auf Anklageversammlungen öffentlich gedemütigt, nicht wenige in den Tod getrieben. Erhebliche Teile des Kulturguts fielen den Verwüstungen zum Opfer. Kirchen wurden geschlossen oder zweckentfremdet. Viele christliche Bischöfe, Priester und Ordensleute wurden in Gefängnisse oder Arbeitslager gebracht und Umerziehungsmaßnahmen unterworfen.

Am 18. August 1966 fand die erste Massenversammlung der »Roten Garden« auf dem Tiananmen-Platz in Peking statt. Hierzu ließ Mao Millionen Schüler und Studenten mit dem Zug nach Peking kommen. Die Fahrt mit der Eisenbahn in die Hauptstadt war kostenlos. Die Rotgardisten begannen in vielen Städten in ganz China gegen die »Vier Alten« (alte Ideen, alte Kultur, alte Sitten und alte Gewohnheiten) zu wüten. Alleine in Peking hatten sie bis Ende September über 33.000 Wohnungen durchsucht, gemeinsam mit städtischen Behörden vertrieben sie 77.000 Einwohner mit »schlechtem« Klassenhintergrund aus der Stadt.

Im Jahre 1967 ergriffen die »Roten Garden« mit Maos Unterstützung in ganz China die Macht. Es entstanden einzelne Gruppen, die sich teilweise gegenseitig bekämpften. In manchen Provinzen übernahm das Militär die Herrschaft, in der südchinesischen Provinz Guangxi setzte die Armee Panzer gegen eine Rebellenorganisation ein. Erst 1969 ebbten die Wellen der Gewalt nach und nach wieder ab. Zwar kam es in den folgenden Jahren nicht mehr zu jenen Exzessen, wie es sie unmittelbar nach dem Ausbruch der Kulturrevolution gegeben hatte, doch konnte an einen Wiederaufbau erst nach Maos Tod am 9. September 1976 gedacht werden.

Bei der Aufarbeitung der schockierenden Ereignisse wird Maos Ehefrau Jiang Qing als Hauptverantwortliche für die Gräuel der Kulturrevolution identifiziert, die im Gedächtnis der Bevölkerung bis heute als die »zehn verlorenen Jahre« eingebrannt sind, da sie letztlich einer ganzen Generation die Hoffnungen auf eine erfolgreiche persönliche und berufliche Zukunft raubte. Die Kulturrevolution ist bis heute in China politisch und gesellschaftlich nur ungenügend aufgearbeitet.

Gemeinden hat etwas davon mitbekommen. Als ich 1982 aus der Gefangenschaft nach Shanghai zurückkehrte, sprach niemand mit mir über das 2. Vatikanische Konzil. Es gab damals keine ausländischen Zeitungen und Zeitschriften. Erst der belgische Pater Jerome Heyndrickx von der Kongregation vom unbefleckten Herzen Mariens erzählte mir 1984 bei seinem Besuch davon. 1985 hielt er Vorträge im wieder eröffneten Priesterseminar von Sheshan. Erst dann begann sich der Geist des 2. Vatikanischen Konzils in China zu entfalten. Ich bin also Pater Jerome Heyndrickx zu großem Dank verpflichtet. Er ist zudem einer der wenigen, die China lieben und kennen und in Rom Gehör finden.

Wie kann man sich Ihre Zeit in den verschiedenen Gefängnissen und Gefangenenlagern vorstellen?
Wir hatten viele verschiedene Tätigkeiten zu verrichten. Ich wurde in verschiedenen Lagern aber auch zu unterschiedlichen Arbeiten herangezogen. Ich war einmal in Peking im Bezirk Chaobinqu interniert, dann in Fushun neben Shenyan in Xinxiang, in der Provinz Henan oder in Baoding in der Provinz Hebei, 150 km südlich von Peking. Meistens waren sehr viele Leute in einem Lager untergebracht. Normalerweise waren die Lager immer neben einem Gefängnis errichtet. In Baoding zum Beispiel waren in dem Ge-

74

fängnis über 2000 Insassen und in dem zugehörigen Lager, in dem ich arbeiten musste, mehr als 200 Arbeiter. Erst in diesem letzten Lageraufenthalt in Baoding habe ich zum ersten Mal in meiner Gefangenschaft wieder andere Priester getroffen. Nach der Freilassung sind von diesen sieben Priestern sechs zu Bischöfen der Untergrundkirche und ich zum Bischof der Offiziellen Kirche geweiht worden. Im Lager selbst konnten wir nicht die Messe feiern. Aber in Baoding konnten wir sonntags zu einer Familie gehen, in deren Haus wir die Messe feierten. Damals gab es schon etwas mehr religiöse Freiheit. So feierten ungefähr 200 Katholiken im Privathaus von Herrn Shi, das dieser auf eigene Gefahr und großzügigerweise zur Verfügung gestellt hatte, die heilige Messe. In Baoding gab es ein katholisches Zentrum und einige große katholische Familien. Alle Familien haben sich im Haus von Herrn Shi getroffen. Natürlich wurden wir dort überwacht. Es waren immer Polizisten in Zivil dabei.

Was waren Ihre Aufgaben in den anderen Arbeitslagern?
In einem mussten wir Äcker pflügen. Wir mussten den harten Boden umgraben. In einem anderen Lager gab es eine kleine Bibliothek. Da ich schon relativ alt war, wurde ich dort eingeteilt. Zweimal wurde ich zur Übersetzung von Büchern aus dem Ausland eingesetzt. Ich habe zu einer Gruppe von 24 Gefangenen aus ganz China gehört, die eine Fremdsprache beherrschte. So habe ich für die Kommunistische Partei verschiedenste Bücher übersetzt, angefangen von Brandschutzverordnungen über alle möglichen Gesetze bis hin zu Verkehrsregeln. Die Mitarbeiter der Polizeibehörden und Ministerien konnten damals keine Fremdsprachen. Trotzdem wollten sie sich über die ausländischen Regelungen aus den verschiedensten Bereichen informieren. Daher mussten wir alles übersetzen, was sie interessierte, zum Beispiel auch die Atomgesetze anderer Länder. Ich war zuständig für die französischen und deutschen Texte. Andere Gefangene haben die japanischen, russischen und englischen Texte bearbeitet. Die meisten Texte waren englisch abgefasst. Uns

24 Gefangenen war es sogar erlaubt, uns untereinander zu unterhalten. Andere Christen waren aber nicht in dieser Gruppe.

Im Unterschied zum Gefängnis gab es in den Lagern zum Glück auch genug zu essen und wir konnten Besuch empfangen. Wir haben sogar etwas Geld verdient. Ich bekam 50 Yuan im Monat. Damit konnte man sich im Lager etwas kaufen, auch zusätzliche Lebensmittel. Einige der Lagerinsassen durften sogar für ein paar Tage zu ihrer Familie fahren.

Mir ging es dort also verhältnismäßig gut. Ich bekam sogar Besuch von der Familie Meistermann, die ich in meiner Jugendzeit in Deutschland kennengelernt habe. Sie haben mir dann später jeden Monat 200 D-Mark geschickt. Damit war ich natürlich in den Lagern ein sehr reicher Mann. Das Geld wurde einer entfernten Cousine von mir nach Peking überwiesen. Sie hat es mir dann immer gebracht.

Wie haben Sie Ihr Gebetsleben im Lager pflegen können?
Natürlich verrichtete ich nach dem Aufstehen mein Morgengebet, genauso konnte ich das Nachtgebet ungestört beten. Allerdings hatten wir tagsüber zu arbeiten. Aber ich habe während der Arbeit den Rosenkranz gebetet. Und ich habe natürlich auch das innere Gebet sehr intensiv gepflegt. Ich muss ehrlich sagen, dass ich in der Gefangenschaft wohl frommer gewesen bin als jetzt. Damals hatte ich viel Zeit für das Gebet, heute habe ich als Bischof einfach sehr viele Verpflichtungen und viele Sorgen. Damals hatte ich keine großen Sorgen, nur die, die mein Überleben betroffen haben. Heute habe ich in meinem Amt und in meiner Verantwortung für viele Menschen große Probleme zu lösen. Damit ist man sehr beschäftigt und kaum frei für das innere Gebet. Das sollte eigentlich anders sein. Aber es ist ja auch nicht normal, als 96-Jähriger noch *ordinarius loci* zu sein.

Allerdings konnte man im Lager nicht viel über den Glauben mit den anderen Lagerinsassen sprechen. Das war sehr gefährlich. Denn überall gab es Spione. Viele der Lagerinsassen waren gar keine wirklichen Gefangenen. Sie hatten nur die anderen auszuhorchen.

Es stand unter Strafe, über Religion zu sprechen. Man erklärte uns damals, dass es zwar Religionsfreiheit gäbe, die aber nur für die Bürger in China galt. Wir als Gefangene in den Lagern seien aber keine Bürger. Uns wurden also die Bürgerrechte aberkannt. Daher galt die Religionsfreiheit nicht für uns und wir durften nicht über Religion im Lager sprechen. Allerdings wussten die anderen Lagerinsassen, dass ich Priester war. Jeder nannte mich im Lager ›Yangheshang‹, das heißt ›fremdländischer Mönch‹ und bedeutet so viel wie ›Teufelsmönch‹ – das war ein nett gemeinter Spitzname, auch wenn er nicht gerade nett klingt.

Sind Sie eigentlich in dieser ganzen Zeit und in den verschiedenen Gefängnissen und Lagern auch einmal dem ehemaligen Kaiser von China begegnet? Er war ja auch zu dieser Zeit in Gefangenschaft?
Lustigerweise, ja. Allerdings war er damals schon freigelassen. Ich war zu dem Zeitpunkt in Peking im Lager. Er war von der Regierung eingeladen worden, uns einen Vortrag zu halten. Das Thema des Vortrages war sehr bezeichnend: Er hat über die Frage referiert, wie man ein guter Gefangener ist. Das hat er uns dann an seinem Beispiel erläutert. Der ehemalige Kaiser hat uns also erklärt, wie man ein guter Gefangener der Kommunisten ist.

Hatten Sie mit den anderen Priestern und Bischöfen, die mit Ihnen verhaftet wurden, jemals während Ihrer Gefangenschaft Kontakt?
Keinen der mit mir eingesperrten Priester und Bischöfe habe ich während meiner Gefangenschaft gesehen. Bischof Ignatius Gong beispielsweise ist immer im gleichen Gefängnis in Shanghai geblieben, während ich immer wieder verlegt wurde. Gong verbrachte also die ganzen 30 Jahre in derselben Zelle im Gefängnis in Tilanqiao. Aber er hatte eine spezielle Zelle, wenn auch in Einzelhaft. Normale Gefangene mussten sich zu fünft eine Zelle teilen, er hatte eine eigene Zelle mit zwei Zimmern, also ein Schlafzimmer und ein Zimmer mit Tisch und Stühlen, das er am Tag benutzen konnte. Dort konnte er auch lesen. Er bekam sogar besseres Essen als die anderen.

Er war immerhin als Bischof von Shanghai einer der wichtigsten Gefangenen. Sie müssen wissen, dass es im Gefängnis wie in der normalen Welt auch eine Hierarchie gibt. Je höher die Position des Gefangenen, umso besser die Behandlung *(lacht.)*

Ende des Kaiserreichs 1911

Zu Beginn des 20. Jahrhunderts gewannen immer mehr fortschrittliche Kräfte die Erkenntnis, dass ohne den Sturz der seit Mitte des 17. Jh. bestehenden Mandschu-Herrschaft ein unabhängiges und modernes China nicht geschaffen werden könne. Im Ausland lebende chinesische Studenten und radikale Kräfte im Schutze der ausländischen Konzessionsgebiete in Städten wie Shanghai riefen zum Sturz der Qing-Dynastie auf. Die ersten revolutionären Vereinigungen entstanden, Sun Yatsen (1866–1925), der spätere erste Präsident der Republik, gab seiner Bewegung mit den 1905 entwickelten Drei Volkslehren – Nationalismus, Demokratie und Volkswohl – ein wichtiges ideologisches Fundament. In der Zeit von 1906 bis 1911 organisierten die Mitglieder der Gesellschaft der revolutionären Allianz (Tongmenghui) gemeinsam mit anderen Geheimgesellschaften immer wieder Aufstände in den Provinzen Guangdong, Sichuan und Anhui. Parallel dazu kam es auch häufig zu Protestbewegungen anderer Teile der Gesellschaft, mit denen sich die bevorstehenden Veränderungen in breiterem Umfang ankündigten. So beteiligten sich etwa 1905 die Kaufleute Shanghais beim Boykott amerikanischer Waren, 1906 bis 1908 kam es in Mittel- und Südchina unter den hungernden Bauern regelmäßig zu Unruhen aufgrund von Nahrungsmangel und Unregelmäßigkeiten bei der Steuererhebung.

Diese Aufstände waren allerdings nicht allein der Grund für das Ende des Kaiserreichs. Für den Sturz der Qing-Dynastie war vor allem eine breite konstitutionelle Bewegung verantwortlich, die ab ca. 1905 verstärkt Reformen in den Gebieten der Bildung, Verwaltung und Armee betrieb. Aufgrund des Drucks der Öffentlichkeit musste die Qing-Regierung die Einrichtung vorbereitender konstitutioneller Organe in den Provinzen zusichern. Daraufhin entwickelten sich dort politische Aktivitäten, was letztlich zu einem stärkeren Einfluss der geschaffenen beratenden Versammlungen führte. Im Mai 1911 hatte die Regierung über die Verstaatlichung der von chinesischen Aktionären finanzierten Eisenbahnbauprojekte in einigen Provinzen verfügt. Daraufhin entfaltete sich eine breite Bewegung zur Verteidigung nationaler Eisenbahnrechte. Die Bewegung in Sichuan ging in einen bewaffneten Volksaufstand über, der dann zur Revolution führte. Dem Aufstand der Soldaten und Unteroffiziere der neuen Armee 1911 in der Provinz Hubei schlossen sich schnell andere Einheiten an. Sie besetzten in Hubeis Hauptstadt Wuchang den Divisionsstab und die Polizeiverwaltung und verjagten den mandschurischen Statthalter. Kurz darauf wurde das Mandschu-Regime in den Nachbarorten Hankou und Hanyang gestürzt. Ende Oktober 1911 entstanden antimandschurische Militärregierungen in den Provinzen Hunan, Shaanxi, Jiangxi und Yunnan. Bis Ende November waren in Mittel- und Südchina 14 der heute 23 chinesischen Provinzen in der Gewalt der Aufständischen. An der neuen Spitze der Provinzregierungen standen allerdings kaum Revolutionäre, sondern meist Konstitutionalisten oder Bürokraten und Militärs des alten Regimes. Am 29. Dezember wurde Sun Yatsen zum provisorischen Präsidenten der Republik China gewählt, womit das jahrtausendealte chinesische Kaiserreich ein Ende nahm. Am 10. März 1912 wurde eine provisorische Verfassung proklamiert, die auch die Bildung einer provisorisch gewählten Nationalversammlung vorsah. Diese ersten Versuche einer Republikgründung nach westlichem Muster scheiterten in China bereits nach wenigen Jahren. Die von Yuan Shikai (1859–1916) Ende 1915 ausgerufene Dynastie bestand nur wenige Monate, mit dem Tod Yuans löste sich auch die chinesische Zentralgewalt endgültig auf, und sich gegenseitig bekämpfende Kriegsherren begannen einen jahrelangen zermürbenden Kampf, der schließlich in den Bürgerkrieg mündete.

Wann hatten Sie dann zum ersten Mal wieder Kontakt mit Kardinal Gong?

Nach meiner Freilassung bin ich wieder nach Shanghai gegangen. Das war 1982. Gleich nach meiner Rückkehr habe ich einen Antrag gestellt, Kardinal Gong besuchen zu dürfen. Nach sechs Monaten erhielt ich eine positive Antwort. In Begleitung von zwei Polizisten traf ich ihn dann im Gefängnis. Er war ja immer noch in Gefangenschaft. Sie können sich vielleicht vorstellen, wie bewegt er war. Ich kann mich noch gut an seine ersten Worte erinnern: »Sie sind mein erster Besucher.« Nach dieser langen Zeit von 27 Jahren, die er seit 1955 im Gefängnis verbracht hatte. Insgesamt habe ich ihn dreimal besuchen dürfen. Bei meinem ersten Besuch bat er mich, ihm zwei Bücher mitzubringen. Er hat sich das französische Lexikon »Petit Larousse« gewünscht und das bekannte und bis heute viel gelesene Werk von Thomas von Kempen »Imitatio Jesu Christi« – »Die Nachfolge Christi«. Natürlich habe ich ihm diese beiden Wünsche gleich beim nächsten Besuch erfüllt. Zudem habe ich ihm noch Zuckergebäck und Kekse mitgebracht, weil es so etwas im Gefängnis nicht gab und er sonst keine anderen Besuche bekam.

Über was haben Sie mit ihm bei Ihren Besuchen gesprochen?

Zunächst haben wir einfach darüber gesprochen, was draußen passierte. Er war sehr neugierig und wollte wissen, wie es jetzt in der Welt zugeht. Im Gefängnis hatte er ja nichts von der Außenwelt mitbekommen. Später dann haben wir uns intensiver über Themen wie Religionsfreiheit in China unterhalten. Wir kamen zu dem Ergebnis, dass wir – verglichen mit der Zeit unter Mao Zedong – freier waren, auch wenn er immer noch im Gefängnis war. So konnten wir in Shanghai wieder ein Priesterseminar unterhalten und Kirchen öffnen. Er hat gefragt, ob wir Kontakt mit dem Heiligen Stuhl haben dürfen. Das musste ich natürlich verneinen.

Die Regierung wollte schließlich auch Kardinal Gong freilassen. Aber er sollte sich erst langsam an die veränderte Welt gewöhnen. Also organisierten sie für ihn eine Reise. In Begleitung eines Arztes, einer Krankenschwester und von drei Polizisten fuhr er nach Südchina und besuchte die Provinz Guangdong. Einen Monat lang wurde er auf seine Freilassung vorbereitet. Ich kann mich noch erinnern, wie man mir erzählte, dass er mit dem Flugzeug nach Shanghai zurückfliegen wollte. Denn er war noch nie geflogen. Das wurde ihm aber nicht gestattet, da man aufgrund seiner Herzschwäche Angst hatte, er könnte den Flug nicht überleben. Da war er sehr wütend, denn er wäre gern zum ersten Mal geflogen.

Auf jeden Fall musste er nach seiner Rückkehr nicht wieder in Shanghai ins Gefängnis, sondern man richtete ihm eine eigene Villa ein, in der er dann lebte. Dort besuchte ich ihn gleich in den ersten Tagen. Natürlich war er bewacht und konnte sich nicht frei bewegen, aber er war wenigstens nicht mehr im Gefängnis. Er war relativ frei, hatte ein schönes Haus, einen großen Garten, wurde gut verköstigt und hatte eine Krankenschwester, die sich um ihn kümmerte. Seine Entlassung aus dem Gefängnis war natürlich nur auf Bewährung. Somit musste jemand für ihn bei der Behörde bürgen. Der anstelle von Kardinal Gong von den Kommunisten eingesetzte Bischof von Shanghai, Zhang Jiashu, weigerte sich aber, diese Bürgschaft für den fast achtzigjährigen eigentlichen Bischof zu übernehmen. Zhang Jiashu war leider unglaublich ängstlich.

So bot ich mich als Bürge für Kardinal Gong bei den Behörden an. Das wurde akzeptiert. Prozesstechnisch forderte die Regierung, dass jemand die Verantwortung für die Freilassung auf Bewährung übernimmt. Also garantierte ich, dass Kardinal Gong keine Probleme bereiten würde. Für ihn war es selbstverständlich, dass ich diese Bürgschaft übernehme. Gedankt hat er mir dafür nie. Nachdem ich die Garantie für seine Freilassung auf Bewährung übernommen hatte, übernahm ich später auch die Garantie für seine endgültige Freilassung. Wieder wollte diese Bürgschaft der Bischof von Shanghai nicht übernehmen. Ein drittes und letztes Mal bürgte ich für Bischof Gong, als er eine Reise in die USA unternehmen wollte, nachdem sich wieder der Bischof von Shanghai weigerte. Gong musste zudem versichern, dass er spätestens nach sechs

Monaten wieder zurück nach China kommen würde. Außerdem musste er erklären, dass er keine Aktivitäten gegen die Regierung der Volksrepublik China in den USA unternehmen werde. Für diese beiden Versprechen musste ich bürgen. Aber sobald er in den USA war, sagte er alles Mögliche gegen die Regierung der Volksrepublik und schrieb entsprechende Aufsätze. Zurück nach China kam er auch nicht mehr, sondern blieb bis zu seinem Tod im Jahr 2000 in den USA. In dieser Zeit wurde vom Vatikan seine Ernennung zum Kardinal 1991 öffentlich gemacht. Er war schon 1979 *in pectore* – also heimlich – von Papst Johannes Paul II. zum Kardinal ernannt worden, was aber niemand wusste.

Zum Glück hatte Kardinal Gongs Verhalten keine Konsequenzen für mich. Die Behörden erklärten mir, man sei sich darüber im Klaren gewesen, dass Kardinal Gong gegen die chinesische Regierung aktiv werden würde. Er war aus Sicht der Kommunisten ja sowieso ein charakterloser Mensch. Mir haben sie daraus keinen Strick gedreht.

Wie erklären Sie sich diesen großen Unterschied zwischen dem China im Jahr 1955, als Sie verhaftet wurden, und dem China 1982, dem Jahr Ihrer Freilassung? Was war der Grund für die neue religiöse Freiheit?
Das verdanken wir Deng Xiaoping. Nach dem Tod von Mao hat er in China eine politische Wende und radikale Veränderungen herbeigeführt. Er wusste, dass man Maos Linie nicht weiter durchziehen konnte. Das Land musste sich öffnen. Deng Xiaoping wollte den freien Markt einführen. Damit einher ging automatisch auch mehr Freiheit für die Menschen. Das hat sich auch auf den Bereich der Religion ausgewirkt. Die Kommunisten haben eingesehen, dass es selbst mit Gewalt nicht möglich ist, Religion zu unterdrücken. So wollte man religiöse Freiheit zulassen, die aber durch den Staat kontrolliert wird. Der Beginn der Ära von Deng Xiaoping löste die Ära von Mao Zedong wirklich ab. Es war eigentlich eine Art »pazifistische Revolution« innerhalb der Kommunistischen Partei. Gott sei Dank hat dieser Wandel stattgefunden.

Dengs Öffnungspolitik 1978

Deng Xiaoping stieg in der Kommunistischen Partei Chinas (KPCh) zur Zeit Maos zu einer wichtigen Machtstütze auf, wurde jedoch mehrere Male seines Postens enthoben und konnte erst nach Maos Tod (1976) und längeren internen Machtkämpfen die inoffizielle Führung der KPCh übernehmen.

Im Dezember 1978 legte Deng auf der dritten Plenartagung der 11. Sitzung des Zentralkomitees der KPCh die Reform und Außenöffnung als politisches Programm der Regierung fest. Dies war der Startschuss für die Öffnung nach außen sowie für die Modernisierung des sozialistischen China. In China lebten und arbeiteten in den 70er Jahren immer noch 80% der Bevölkerung auf dem Land. Somit waren die Lebensumstände der Bauern bestimmend für die nachhaltige Stabilität der chinesischen Gesellschaft. Aus diesem Grund wurde die Landwirtschaft der Kernsektor für Dengs Reformen. Dank seiner revolutionären Agrarreform durften die Bauern einen Teil ihres erwirtschafteten und überschüssigen Ertrags auf speziellen Landwirtschaftsmärkten verkaufen und als eigenen Gewinn verbuchen. Dies steigerte die Arbeitsproduktivität enorm und löste somit eine historische Erhöhung der Getreideproduktion aus. Auch in den Städten wurde das Gemeineigentum schrittweise aufgehoben und die Bildung und Entwicklung anderer Eigentumsformen proklamiert. Aktien- und Wertpapierbörsen wurden gegründet und mit der eingeleiteten Preisreform 1980 wurden die vom Staat festgesetzten Preise abgeschafft. Deng richtete Sonderwirtschaftszonen in den Küstenregionen ein, die es der chinesischen Wirtschaft erlaubten, ausländische Investitionsgüter und Know-how zu importieren und eigene Produktionsgüter zu exportieren. Auch in der Außenpolitik konnte er erfolgreich mit den Briten um die Rückgabe Hongkongs verhandeln, die wenige Monate nach seinem Tod 1997 erfolgte.

Die Preisreform hatte jedoch eine hohe Inflation zur Folge. Die Geldentwertung, Missstände in der Verwaltung und Klagen über die verbreitete Korruption waren zentrale Gründe, die im Frühjahr 1989 zu Protesten gegen den 84-jährigen Deng und seine Politik auf dem Tiananmen-Platz in Peking führten. Es kam zur Verhängung des Kriegsrechts und zu einer blutigen Niederschlagung der Proteste. Das System erstarrte vorübergehend und war wieder vom Ausland abgeschottet. Erst mit Dengs legendärer Reise in den Süden Chinas 1992 wurde seine Vorstellung von einer »sozialistischen Marktwirtschaft« wieder neu proklamiert und aufgegriffen. Die seither konsequent betriebene Reform- und Öffnungspolitik hat China in den zurückliegenden Jahren nicht nur wirtschaftlich hohe Zuwachsraten beschert, sondern auch in der Gesellschaft zu mehr Lockerungen und Freiheiten geführt. Derzeit ist China um stärkere Rechtssicherheit für seine Bürger bemüht, die vor allem den Erzübeln der Korruption und des Machtmissbrauchs Einhalt gebieten soll. Die zunehmende Komplexität der Prozesse in Gesellschaft, Politik und Wirtschaft hat auch zu neuen Formen der Partizipation an Entscheidungen geführt, wenngleich eine institutionelle Verankerung demokratischer Rechte weiterhin aussteht und auch nicht in absehbarer Zeit zu erwarten ist. Dass die Partei für viele Betrachter in Wirtschaft und Verwaltung nicht eigentlich sichtbar ist, täuscht ein wenig darüber hinweg, dass sie sehr wohl noch den entscheidenden Machtfaktor auch im China unserer Zeit bildet.

Shanghai ist zum Sinnbild für das geworden, was manche Politologen als »chinesisches Jahrhundert« bezeichnen, was so viel bedeutet wie eine Ablösung eines »amerikanischen« 20. Jahrhunderts. China hat Japan wirtschaftlich überholt, gewinnt an Einfluss in Asien, Lateinamerika und Afrika sowie in der arabischen und europäischen Wirtschaftswelt. China holt in rasantem Tempo technologisch auf und ist auch militärisch eine immer stärker werdende Großmacht.

Das stimmt. Shanghai ist eine Art Symbolstadt für die Zukunft Chinas geworden. Die ganze Welt spricht ja von unserem Land, von der raschen Entwicklung, die inzwischen in jedem Bereich spürbar ist. Aber ich vergleiche Shanghai mit einem Flugzeug, das im Start begriffen ist. Der tatsächliche Start und der gesamte Flug stehen noch bevor und die sichere Landung auch. Also Flugstabilität und -sicherheit sind noch nicht garantiert. In dieser Phase befindet sich Shanghai. Wir haben noch einen sehr weiten Weg vor uns, um das soziale und wirtschaftliche Niveau der USA zu erreichen. Zudem kann man nicht von ganz China sprechen. Der Westen Chinas ist größtenteils noch unterentwickelt und wir haben mit Problemen wie Analphabetismus, Hunger und allen Folgen wirtschaftlicher und sozialer Armut zu kämpfen. In unserem Land haben wir über 100 Millionen Analphabeten, 30 Millionen Menschen, die an Hunger leiden. 10 % der Bevölkerung muss mit weniger als 100 Euro im Jahr auskommen. In China herrscht wie in allen Entwicklungsländern ein schwer zu akzeptierendes Ungleichgewicht zwischen Arm und Reich. Leider nimmt dieses Ungleichgewicht derzeit sogar zu. Diese Umstände machen mich sehr traurig. Wir haben in Shanghai verschiedene katholische Initiativen ins Leben gerufen, um den Armen zu helfen, aber bei einem so großen Land wie China scheint das manchmal wie ein Tropfen auf den heißen Stein.

Wie hat sich der Neuanfang nach der Öffnung durch Deng Xiaoping in der Kirche von Shanghai bemerkbar gemacht? Wie haben Sie mit dem Wiederaufbau begonnen?

Zunächst wurde von der Kommunistischen Partei unter Deng Xiaoping ein wichtiges Dokument über die religiöse Freiheit veröffentlicht. Es war das berühmte »Dokument Nr. 19« von 1982. Darin hat sich die Partei mit der Religion intensiv beschäftigt. Das war eine sehr gute Ausarbeitung. Es wurde zugesagt, dass die Kirchen wieder geöffnet werden dürfen, man durfte wieder Priesterseminare unterhalten und es wurde zugesagt, das während der Kulturrevolution konfiszierte Vermögen zurückzugeben. Allerdings hatte alle kirchliche Aktivität unter staatlicher Kontrolle stattzufinden. Es war sozusagen der Glaube an sich wieder erlaubt, die gemeinschaftliche Ausübung allerdings staatlich kontrolliert. Unter Mao sollte ja der Glauben überhaupt, also auch im Privaten, ausgerottet werden. Aber auch die Rolle der Religion im Zusammenhang mit den chinesischen Außenbeziehungen wurde thematisiert. Im Zusammenhang mit dieser neuen Religionspolitik wurden wir jedenfalls aus den Gefängnissen entlassen und Kardinal Gong konnte nach Amerika ausreisen.

Alle Kirchengebäude waren enteignet. Die Behörden haben dann eines nach dem anderen zurückgegeben. Das war ein längerer Prozess. Als ich aus der Gefangenschaft entlassen wurde, waren in Shanghai bereits fünf Kirchengebäude zurückgegeben, in denen wieder die heilige Messe gefeiert wurde. Das war alles nicht so einfach. Einmal besetzt, wollten die neuen Besitzer die Kirchengebäude nicht so leicht wieder hergeben. Da musste man sehr vorsichtig und langsam vorgehen. Die Kathedrale war die erste Kirche, die zurückgegeben wurde. Sie wurde in all den Jahren der Enteignung als Depot und Warenhaus benutzt. Man muss sagen: Zum Glück, denn so wurde sie wenigstens nicht zerstört. Andere Kirchen wurden zu Fabriken umfunktioniert oder weitgehend abgerissen. Die zweite zurückgegebene Kirche war St. Josef, die dritte die Kirche auf der vorgelagerten Insel Chongming, die vierte war in Sheshan, dem Ort, an dem heute das Priesterseminar unserer Diözese ist. Dort bekamen wir zuerst die Kirche auf der Mitte des Hügels zurück. Die Wallfahrtskirche oben auf dem Hügel erhielten wir erst später zurück. Diese Basilika Unserer Lieben Frau hat für uns eine große Bedeutung. 1924 weihten die Bischöfe Chinas das Land der Muttergottes und pilgerten anschließend nach Sheshan. Die fünfte zurückgegebene Kirche war in einem Dorf namens Zhujiajiao im Bezirk Qingpu. Heute ist das ein berühmter touristischer Ort, weil es ein »Wasserdorf« ist.

Die Situation in Shanghai hat sich seitdem sehr geändert. Heute habe ich als Bischof von Shanghai über 145 Pfarreikirchen in der Stadt. Zur Muttergottes von Sheshan strömen jedes Jahr Zehntausende von Pilgern, besonders in den Monaten April und Mai. Am

1. Mai kommen durchschnittlich 10.000 Pilger. Es sind ältere, aber auch junge Menschen, die den steilen Berg betend und singend bis zum Gipfel steigen. Unterwegs machen sie Station bei einer Statue des leidenden Christus im Garten Gethsemane sowie an den 14 Kreuzwegstationen. Zu den Gläubigen gehören auch zahlreiche Fischer aus der Umgebung. Für mich hat die Muttergottes von Sheshan eine ganz besondere persönliche Bedeutung. Als meine Mutter mit mir schwanger war, wurde sie schwer krank und war dem Tode nahe. Sie betete zur Gottesmutter von Sheshan um Heilung und versprach, jedes Jahr eine Wallfahrt dorthin zu machen. Nun gehe ich selber jedes Jahr im Mai dorthin wallfahren.

Wie konnte sich wieder ein katholisches Umfeld bilden und die Kirche in sozialen und kulturellen Bereichen wirken?
Das ging alles nicht so schnell. Zunächst wurde die Katholische Patriotische Vereinigung neu ausgerichtet. Erst später haben wir eine Vereinigung der katholischen Intellektuellen in Shanghai gegründet. Das war 1986. Der Name CIA – Catholic Intellectual Association – hat immer für Missverständnisse gesorgt. Daher habe ich vor einiger Zeit der Abkürzung ein S für ›Shanghai‹ angefügt. Jetzt heißt die Vereinigung Catholic Intellectual Association Shanghai. Das ist um einiges besser.

Die Kernaussage des Evangeliums ist die Liebe und die Einheit, nicht Hass und Spaltung. Dafür setzte ich mich in allen Beziehungen ein. Konkret äußert sich diese Liebe aber auch im sozialen Dienst gegenüber den Armen und Schwachen in der Gesellschaft. Ein besonderes Anliegen ist mir auch die Auseinandersetzung mit und die Förderung von Kunst und Kultur. Fast alle Kunstwerke, die wir in unseren Kirchen und Häusern haben, kommen aus Europa oder sind von Europäern kopiert. In meiner Xujiahui-Kathedrale stehen bekannte und schöne Maria- und Jesusfiguren, die aber 1919 von Paris nach China gebracht wurden. Wir müssen heute neu, besonders auch in der Kirche, chinesische Kunst und Kultur fördern.

Wen haben Sie von Ihren alten Weggefährten nach der Freilassung wieder treffen können?

Als ich aus dem Gefängnis entlassen wurde, waren viele Kleriker in Shanghai meine alten Klassenkameraden oder Freunde. Manche hatten sich der Untergrundkirche angeschlossen, die meisten aber waren Priester der Offiziellen Kirche. Obwohl ich so lange Zeit eingesperrt war, war es nicht schwer, mit den alten Freunden wieder in Kontakt zu kommen. Während der Kulturrevolution hat es viel Streit zwischen den Priestern über den Umgang mit den »Roten Garden«, den Kommunisten, gegeben. In dieser Hinsicht muss ich sagen, dass ich ›glücklicherweise‹ im Gefängnis war. So hatte ich mit diesen Flügelkämpfen und Streitigkeiten nichts zu tun und konnte unvoreingenommen mit allen wieder Kontakt aufnehmen. Gerade in der Zeit der Kulturrevolution war das Leben draußen schlimmer als im Gefängnis. Im Gefängnis ließ man uns etwas mehr in Ruhe, denn wir befanden uns schon unter den Füßen der Kommunisten. Aber draußen herrschte durch die »Roten Garden« von Mao Zedong eine unglaublich brutale Unterdrückung. Der damalige Bischof von Shanghai, Zhang Jiashu, zum Beispiel wurde als ›Hund der Imperialisten‹ beschimpft. Und als sogenannten Hund trieben ihn die Rotgardisten auf allen Vieren durch Shanghai. Er musste auf Händen und Knien durch die Stadt kriechen. Dabei wurde er geschlagen und angespuckt. Bischof Zhang Jiashu durchlebte eine schwere Zeit. Er wurde einen Tag nach unserer Verhaftung von der Patriotischen Vereinigung zum Bischof von Shanghai geweiht, natürlich ohne die Zustimmung von Rom. Er war mein Professor im Ignatius-Kolleg, sogar Studienpräfekt. Er war ein guter Priester und sehr frommer Mann. Als Bischof wurde er allerdings sehr ängstlich. Ohne Zustimmung der Regierung tat er nichts, er wurde den Kommunisten sehr hörig.

Aloysius Jin als junger Priester

Les Enfants de chœur

Aloysius Jin mit seinen Klassenkameraden im Seminar

Ende der 40er Jahre war Aloysius Jin als Doktorand in Rom

1950 hatte der deutsche Künstler Georg Meistermann eine Zeichnung von Aloysius Jin angefertigt; erst 1990 konnte Bischof Jin nach Deutschland reisen und das Werk in Augenschein nehmen, das von ihm 40 Jahre zuvor angefertigt worden war. Die Familie Meistermann hatte Jin während seines Europaaufenthalts Ende der 40er Jahre kennengelernt und ihn auch während seiner Gefangenschaft weiter unterstützt.

Besuch von Mutter Teresa in den
90er Jahren auf dem Wallfahrtsberg Sheshan

1998 begegnet Bischof Jin
dem damaligen US-Prä-
sidenten Bill Clinton auf
einem Symposium

2003 feiert Bischof Jin das erste Pontifikalamt in der neu erbauten
Sacred Heart Church im Shanghaier Stadtteil Pudong

EU-Kommissionspräsident Romano Prodi betet mit Bischof Jin in der
St. Ignatius-Kathedrale bei seinem Besuch im Jahr 2004

Ein gefragter Gesprächspartner: Bischof Jin trifft sich mit
vielen Größen aus Politik und
Gesellschaft zum Gedankenaustausch – gerade auch mit
seinen deutschen und internationalen Freunden –, so
auch mit Friedrich Kardinal
Wetter, dem damaligen Bischof
von Rottenburg-Stuttgart
und späterem Kurienkardinal

Walter Kasper, dem damaligen
Erzabt von St. Ottilien und jet-
zigem Abtprimas der Missions-
benediktiner Notker Wolf, dem
Präsidenten des Internationa-
len Olympischen Kommitees
Samaranch, dem Theologen
Hans Küng, einer Delegation
unter Leitung des zukünftigen
Präsidenten der Volksrepublik
China Xi Jinping

Katholiken lesen auf Zeitungstafeln vom Tod Johannes Paul II. – Im April 2005 feiert Bischof Jin ein Pontifikalrequiem für den verstorbenen Heiligen Vater

Hoher Besuch aus Deutschland: Bundeskanzlerin Dr. Angela Merkel trifft im
Rahmen ihrer Shanghai-Visite im Jahr 2005 mit Bischof Jin für einen ausgiebi-
gen Gedankenaustausch zusammen

Zeichen des Glaubens: Bischof Jin feiert mit der Diözese Shanghai das Fronleichnamsfest öffentlich auf dem Sheshan Wallfahrtsberg (hier im Jahr 2005)

Kontakt mit dem Ausland: Bischof Jin firmt junge Mitglieder der
internationalen Gemeinde von Shanghai (hier im Jahr 2006)

Gedankenaustausch mit Bundesbildungsministerin Dr. Annette Schavan und
Delegation in Begleitung von Botschafter Dr. Michael Schäfer und General-
konsul Dr. Albrecht von der Heyden im April 2008

Im Jahr 2008 begeht die Diözese Shanghai das 400. Jubiläum zum Wirken des katholischen Gelehrten Xu Guangqi, der mit dem Jesuiten Matteo Ricci das Christentum nach Shanghai gebracht hat; Bischof Jin eröffnet die Gedenkfeiern mit einem Pontifikalamt in der St. Ignatius-Kathedrale

Unermüdlich im Einsatz: Im Alter von 95 Jahren weiht Bischof Jin im März 2012 in der überfüllten St. Ignatius-Kathedrale junge Priester der Diözese

Das Bischöfliche Ordinariat Shanghai im Stadtteil Xujiahui 2011:
Links die St. Ignatius-Kathedrale, rechts daneben das eigentliche Gebäude des Bischöflichen
Ordinariats mit der Ordinariatverwaltung (mittelgroß in dunklem Rot), dahinter das große
Bürogebäude mit schwarzem Dach, das von der Diözese kommerziell vermietet wird;
im Hintergrund Hochhäuser der Stadt Schanghai

Wir danken Frau Theresa WO Ye aus Shanghai für
das Zurverfügungstellen ihrer Bilder und der Rechte
an den Bildern, die in diesem Band abgedruckt sind.

Bildauswahl: Dominik Wanner und Theresa WO Ye.

Untergrundkirche

Die sogenannte inoffizielle Kirche im »Untergrund« hat sich nach der Abspaltung von der durch den Staat anerkannten »Patriotischen Vereinigung« in den 50er Jahren von Anfang an offen geweigert, sich von Rom zu trennen und mit der staatlich verordneten »Patriotischen Vereinigung« zusammenzuarbeiten. Sie wird vom Staat als illegal betrachtet, teils von den Behörden toleriert, teils mit unterschiedlicher Härte unterdrückt. Ihr gehören heute etwa 1000 Priester an. Man geht von ca. 50 inoffiziellen Bischöfen aus, 800 Seminaristen und 2000 Ordensleuten, wobei die Statistiken stark differieren. Die Grenzen zwischen der vom Staat anerkannten und nicht anerkannten Kirche verfließen heutzutage immer mehr, für manche Katholiken ist diese Trennung mittlerweile auch nur noch von geringerer Relevanz. So gibt es in der Zwischenzeit einen relativ offenen »Untergrund«, d.h. Bischöfe, die vom Staat nicht als solche anerkannt und daher »illegal« sind, aber offen in einer Kirche residieren. Die Mitgliederzahl der Untergrundkirche wird auf ca. 10 Millionen geschätzt. Mitglieder der Untergrundkirche werden in China nach wie vor regelmäßig aus den unterschiedlichsten Gründen verhaftet, u.a. auch wenn sie sich weigern, der »Patriotischen Vereinigung« beizutreten, wie das Beispiel des Weihbischofs Yao Liang (1923–2009) aus Hebei von Ende Juni 2008 zeigt.

Sie wurden also zum Bischof der Offiziellen Kirche, die anderen sechs Priester, die Sie im Lager in Baoding kennengelernt haben, zu Bischöfen der Untergrundkirche geweiht. Wie hat sich dieser Unterschied nach Ihrer Freilassung bemerkbar gemacht?

Zuerst hat man keine großen Unterschiede gemerkt. Während der Kulturrevolution waren ja fast alle Priester in Gefangenschaft. Anschließend und zu Beginn der Reformen von Deng Xiaoping Ende der 70er Jahre gab es zwei Richtungen. Die einen wollten mit den Kommunisten in einen Dialog treten. Einige haben sich dem verweigert und wollten strikt den Vorgaben von Pius XII. folgen, der in seiner zweiten China-Enzyklika *Ad Sinarum Gentem* 1954 die Bemühungen der Kommunisten verurteilte, eine nationale Kirche aufzubauen, die nicht länger katholisch sei, da dies die Universalität der christlichen Botschaft und der katholischen Kirche verneinen würde. Er hatte mehr oder weniger formuliert, dass man mit den Kommunisten in keiner Weise zusammenarbeiten darf, sondern Widerstand leisten muss. Dies hat er in der Enzyklika *Ad Apostolorum Principis* von 1958 wiederholt. Wir von der Offiziellen Kirche haben den Dialog vorgezogen und uns gegen den Widerstand entschieden. Aber das hing oft auch mit den lokalen Gegebenheiten zusammen. Zum Bespiel in der Stadt Baoding, in der ich noch als Lagerinsasse die Messe in dem Haus der Familie Shi gefeiert habe, waren alle Katholiken Mitglieder der Untergrundkirche. Das hatte aber einen einfachen Grund: Der dortige Bischof der Offiziellen Kirche war verheiratet. Daher haben die Katholiken diesen Bischof natürlich nicht anerkannt. Somit sind alle der Untergrundkirche beigetreten. Auch waren sie Anhänger von Bischof Fan Xueyan von Baoding. Er war noch von Papst Pius XII. vor seiner Verhaftung 1951 ernannt worden und war deswegen sehr hoch angesehen. Nach seiner Freilassung wollte er nicht der Offiziellen Kirche beitreten, also sind er und seine Anhänger Mitglieder der Untergrundkirche geworden. Er war in China sehr berühmt, bei seiner Beerdigung 1992 kamen 30.000 Menschen.

Nach unserer Freilassung gab es nur noch wenige Bischöfe, die vom Papst ernannt worden sind. Das war Bischof Duan Yinming mit dem europäischen Namen Matthias. Er war Bischof in der Provinz Sichuan. Und dann gab es noch Bischof Zhang Kexing aus der Inneren Mongolei. Er war später noch Bischof von Zhangjiakou in der Provinz Hebei. Ein anderer ist Bischof Wang aus Huhehaote, der Hauptstadt der Inneren Mongolei. Aber leider hat er später geheiratet. Die Bischöfe Fan, Duan und Zhang haben treu zu Rom gehalten. Aber sie sind leider alle schon gestorben. Irgendwie lebe ich wirklich zu lange *(lacht)*.

Wissen Sie: Der Papst hat immer vor einer Spaltung der Kirche durch die Kommunisten gewarnt, indem diese eine nationale Kirche aufzubauen versuchten. Eine solche chinesisch-nationale Kirche wäre nicht länger katholisch, da sie nicht in Einheit mit der christlichen Botschaft und katholischen Kirche insgesamt stünde. Trotzdem habe ich immer versucht, im Einklang mit der Botschaft Jesu und der Lehre der Kirche zu bleiben: »Gebt dem Kaiser, was des Kaisers ist, und Gott, was Gottes ist«, heißt es im Evangelium. Und ich hoffe, dass alle, die sich an das Evangelium und damit auch an dieses Kriterium halten, Eintritt finden in Gottes Reich. Paulus schrieb an die Römer: »Jeder leiste den Trägern der staatlichen Gewalt den schuldigen Gehorsam. Denn es gibt keine staatliche Gewalt, die nicht von Gott stammt; jede ist von Gott eingesetzt.« Paulus sagt auch, dass »vor den Trägern der Macht sich nicht die gute, sondern die böse Tat zu fürchten hat.« Seiner Meinung nach »ist es notwendig, Gehorsam zu leisten, nicht allein aus Furcht vor der Strafe, sondern vor allem um des Gewissens willen.« Und man muss »allen geben, was man ihnen schuldig ist, sei es Steuer oder Zoll, sei es Furcht oder Ehre.« Die derzeitige chinesische Regierung ist meiner Meinung nach die beste in der Geschichte der Volksrepublik China. Hinzu kommt: Die Katholiken machen 1 % der Bevölkerung aus. Ist es da sinnvoll, sich gegen die chinesische Regierung zu stellen? Unsere vornehmste Aufgabe ist, das Evangelium zu verkünden. Das tun wir. Im Gegensatz zu Europa wächst die katholische Kirche in China.

Wie kann man sich diese Aufteilung vorstellen? Sind die Grenzen der Diözesen unterschiedlich, oder gibt es Diözesen der Offiziellen Kirche, die mit denen der Untergrundkirche übereinstimmen?
Das ist sehr schwer zu sagen. Heute hat die Offizielle Kirche in China ca. 70 Diözesen. Das sind die Diözesen der sogenannten Obergrundkirche, der offenen Kirche in China. Die sogenannte Untergrundkirche hat 50 Diözesen. Manche Diözesen haben daher in China zwei Bischöfe. Einen von der Offizielle Kirche, einen von der Untergrundkirche.

In der Provinz Hebei zum Beispiel gibt es genauso viele Diözesen der Offiziellen Kirche wie der Untergrundkirche. In der Provinz Guangdong im Süden gibt es dagegen keine einzige Diözese der Untergrundkirche. In Shanghai ist es so, dass wir eine Diözese der Offiziellen Kirche haben und eine Diözese der Untergrundkirche. Und wir haben auch zwei Bischöfe. Es gibt den auch schon sehr alten Bischof der Untergrundkirche, Bischof Joseph Fan, mit 16 Priestern und mich, den Bischof der Offiziellen Kirche. Ich habe über 145 Pfarreien in der Stadt. 90 % der Katholiken in Shanghai gehören zu mir. Den Bischof der Untergrundkirche kenne ich sehr gut, denn wir waren ja gemeinsam im Noviziat bei den Jesuiten. Er ist ein Jahr jünger als ich, aber leider sehr krank. Da er Alzheimer hat, hat er sein Gedächtnis verloren.

Was sagen Sie zur Geschichte von Bischof Francis An Shuxin? Er war ja zuerst in Baoding Untergrundbischof, anschließend wurde er verhaftet und war im Gefängnis. Heute ist er ein umstrittener Bischof der Offiziellen Kirche.
Ich kenne Bischof An Shuxin von Baoding in der Provinz Hebei. Er besuchte mich sogar mehrere Male. Die ersten beiden Male kam er als Weihbischof für die Untergrundkirche. Er war ein sehr frommer und einfacher ländlicher Hirte.

Als Bischof An wieder einmal kam, erzählte er, dass seine Untergrundkirche nun zu einer offenen Kirche geworden sei. Er sagte auch, dass er nach Rom geschrieben und um Anweisung gebeten hatte, und dass die Kongregation der Evangelisierung der Völker einverstanden gewesen sei. Aber bald darauf hagelte es dennoch Kritik aus dem Ausland, vor allem aus Hongkong mit Behauptungen, dass Bischof An sich der Patriotische Vereinigung unterworfen hätte. Baoding war einst die größte Diözese in der Provinz Hebei. Aufgrund der Teilung war sie in zwei Fraktionen gespalten und ist ins Chaos abgerutscht. Ich stehe voll hinter der Absicht von Bischof An, dass er aus dem Untergrund herauskommen wollte und die Spaltungen so zu überwinden versucht.

Als Ausländer geht man davon aus, dass es in China eine »Patriotische Kirche« gibt, die mit dem Staat Verbindung unterhält, und eine echte katholische Untergrundkirche, die dem Vatikan verbunden ist. Wie ist es nun wirklich?

Ich weiß, dass es diese Vorstellung gibt und dass jeder das so glaubt. Aber es ist völlig falsch. Zunächst gibt es in China die »Patriotische Vereinigung«. Das ist eine ganz normale zivile Vereinigung, ein Verein, wenn Sie so wollen. In Europa sagt man, es gäbe eine »patriotische Kirche«. Das ist absolut falsch. Hier zum Beispiel in Shanghai sind wir die römisch-katholische Kirche. Wir sind keine »patriotische Kirche« oder irgend so etwas. Es gibt die »Patriotische Vereinigung« zwar, organisiert von der Regierung, aber das ist nur eine sehr kleine Vereinigung. In Shanghai ist der Bischof der Boss. Er steht nicht unter der Kontrolle oder unter der Kuratel der »Patriotischen Vereinigung«. Ganz im Gegenteil: In Shanghai ist es so, dass die »Patriotische Vereinigung« unter mir steht. Ich bin hier der Boss. Damit können Sie schon mal für die Leser im Ausland festhalten: Es gibt in China keine patriotische Kirche!

Sie können davon ausgehen, dass wir in Shanghai ganz normale römisch-katholische Verhältnisse mit einer schwachen »Patriotischen Vereinigung« haben. Der Bischof ist der Boss, der Klerus ist sehr gut, alle Mitglieder des geweihten Lebens sind vorbildlich und die Laien sind ebenfalls sehr gut. Und dann haben wir da noch die »Patriotische Vereinigung« in Shanghai mit ca. 100 Mitgliedern. Diese Zahlen sprechen für sich. In Peking sind natürlich mehr Mitglieder in der dortigen »Patriotischen Vereinigung«. Genauso zum Beispiel in Ningbo, denn der dortige Bischof ist leider sehr schwach. Wie viele Mitglieder die »Patriotische Vereinigung« insgesamt in China hat, weiß ich gar nicht genau. Aber ich kann Ihnen versichern, dass sie unter den Katholiken mehr als unbeliebt ist. Die »Patriotische Vereinigung« ist nur die Marionette der Regierung. Sie müssen die Ansichten und die Ideen der Regierung umsetzen und in die Gesellschaft hineintragen.

Patriotische Vereinigung der chinesischen Katholischen Kirche

Nach anhaltenden Verhaftungen von Geistlichen seit dem Beginn der 50er Jahre wurde die Patriotische Vereinigung im Sommer 1956 gegründet. Sie bestand zunächst aus 241 Delegierten aus 104 Diözesen und Präfekturen zusammen mit Beamten des Religionsbüros. 1957 kam es zur Spaltung in die sogenannte Rom-treue Untergrundkirche und die offiziell vom Staat anerkannte Kirche. Von 145 Diözesen und apostolischen Präfekturen waren nun 120 nicht mehr besetzt. Die Patriotische Vereinigung verlangte vom Vatikan die Anerkennung der von China ernannten Bischöfe, doch wurde dieser Antrag abgelehnt. Daraufhin weihte man in China ab 1958 »patriotische« Bischöfe. Diese Weihen sind zwar unerlaubt, jedoch nicht ungültig. Papst Pius XII. bestand weiter auf dem Alleinanspruch zur Ernennung der katholischen Bischöfe.

Gerade die von offizieller Seite betriebene Organisation der katholischen Kirche Chinas als Patriotische Vereinigung ist mit ein Grund für die anhaltend starke Einmischung der staatlichen Organe in die Verwaltung der Gemeinden und Bistümer, bis hin zur theologischen Ausbildung. Auf der 4. Konferenz der Patriotischen Vereinigung im Jahre 1986 wurde eine neue Konstitution verabschiedet, in der dazu aufgerufen wurde, »den Sozialismus zu unterstützen« und »einen Beitrag zur Vereinigung des Vaterlandes zu leisten«. Im staatlich anerkannten Teil der katholischen Kirche verrichten heute etwa 2200 zum Teil noch sehr junge Priester, die erst nach der Kulturrevolution geboren wurden, ihren kirchlichen Dienst. Durch ideologische Schulungen soll die Anbindung der geistlichen Führung an die vom Staat verordneten Doktrinen sichergestellt werden. Kontakte zum Ausland unterliegen weiterhin einer strengen Kontrolle und haben in der Vergangenheit immer wieder einen intensiveren Austausch zwischen der staatlich anerkannten Kirchenleitung Chinas und dem Vatikan verhindert.

Was war denn überhaupt der Gründungsgedanke der »Patriotischen Vereinigung«?

Die »Patriotische Vereinigung« wurde vor über 50 Jahren von den Kommunisten ins Leben gerufen. Der Gründungsgedanke dafür war sehr einfach: Damals waren fast alle Katholiken und Priester antikommunistisch eingestellt. Daher wollten die Kommunisten ihren Einfluss auf die Katholiken erhöhen und kontrollieren. Aus diesem Grund wurde die »Patriotische Vereinigung« gegründet, um die einzelnen Pfarreien und Priester sowie die Katholiken etwas »staatskonformer« zu machen. Während der Kulturrevolution hatten wir dann in China die Verfolgung aller Katholiken durch die Kommunisten. Selbst die Mitglieder der »Patriotischen Vereinigung« wurden verfolgt. Das ist eigentlich ein großer Widerspruch, da diese Vereinigung ja gerade die kommunistenfreundliche katholische Vereinigung sein sollte. Erst nachdem Deng Xiaoping die Macht übernommen hatte, konnte ein Teil der Religionsfreiheit wiederhergestellt werden. Auch die »Patriotische Vereinigung« konnte dann wieder ihre Arbeit aufnehmen und Aktivitäten entwickeln.

Bis vor kurzem wurde die »Patriotische Vereinigung« von Liu Bainian geleitet. Er ist ein machthungriger Mensch und er war zwar von der Regierung eingesetzt, hat aber eigentlich nur seine ganz privaten Vorstellungen umgesetzt.

Vielleicht können Sie in diesem Zusammenhang auch erklären, was es mit der »Drei-Selbst-Bewegung« auf sich hat?

Das ist eigentlich ein Slogan aus der Zeit von Mao Zedong. Es ging darum, dass die Kirche unabhängig vom Ausland werden sollte. Es wurde gefordert, »selbst zu wählen«, »selbst zu weihen« und sich »selbst zu verwalten«. Wir haben das heute so ausgelegt: Man wählt selbst einen Kandidaten, lässt ihn von Rom bestätigen und weiht und verwaltet dann hier selbst. Das sollten die drei Unabhängigkeiten von Rom sein.

Allerdings hat auch schon Papst Benedikt XV. in einem Schreiben in gewisser Weise frühere »Drei Selbst« formuliert, nämlich zum einen die Selbstverwaltung, zum anderen die Tatsache, dass die Kirche in China ihren Unterhalt aus eigenen Kräften bestreiten und die Missionierung des Landes aus eigenen Kräften bewerkstelligen sollte. Papst Benedikt XV. brachte in seinem Edikt »*Maximum Illud*« von 1915 ebendiese Hoffnung zum Ausdruck. Der Papst wollte die Selbstverwaltung, also die *autonomia* der Kirche in China. Auf keinen Fall wollte er natürlich die Unabhängigkeit, also die *independentia*. Weder der Papst noch wir wollten das. Was wir wollten, war Selbstverwaltung, nicht Unabhängigkeit. Der Papst trat dafür ein, dass jede religiöse Gemeinde von Einheimischen verwaltet werde. Auch die Kirche in China sollte nicht von Ausländern verwaltet werden. Das war damals natürlich revolutionär. Denn als Benedikt XV. dies formulierte, gab es eben beispielsweise in China keinen einzigen chinesischen Bischof.

Sie sagen, in Shanghai repräsentieren Sie die römisch-katholische Kirche. Aber die Umstände in China sind ganz anders als zum Beispiel in europäischen Ländern. Wie kann man diesen Zustand beschreiben?
Zunächst sind 90 bis 95 % der Bischöfe der »offenen Kirche« – also nicht von der früher sogenannten »Untergrundkirche« – von Rom anerkannt. Sie haben alle Verbindung mit Rom. Über Post, über das Internet, per Email können wir alle direkten Kontakt mit dem Vatikan halten. Fast alle Diözesen und Pfarreien haben damit faktisch Kontakt nach Rom. Papst Benedikt XVI. hat mich ja auch zur Weltbischofssynode im Jahr 2005 nach Rom eingeladen. Damit ist doch ganz klar: Wir sind die römisch-katholische Kirche in China. Daran gibt es gar nichts zu zweifeln. Ich gebe Ihnen noch ein Beispiel: 2007 wurde ein Bischof in Guizhou mit der Genehmigung des Papstes geweiht. So schlossen sich auch viele der sogenannten Untergrund-Katholiken diesem neuen Bischof an. Daran sieht man doch ganz gut, dass wir in engem Kontakt mit Rom stehen und dass dieser Kontakt erfolgreich gepflegt wird. Das ist alles im heutigen China möglich und darüber sind wir auch sehr froh. Im gleichen Jahr hat eine Bischofsweihe in Peking stattgefunden. Auch dieser Kandidat

war von Rom genehmigt worden. Die letzte von Rom anerkannte Weihe fand im April 2012 statt. Oder nehmen Sie als ganz konkretes Beispiel in der praktischen Arbeit das von Papst Johannes Paul II. ausgerufene »Christus-Jahr 2000«. Dazu gab es einen eigenen Wahlspruch »Christus gestern, Christus heute, Christus in Ewigkeit« und ein eigenes Logo mit der blau symbolisierten Weltkugel und dem Kreuz darauf. Das haben wir natürlich in China eins zu eins übernommen. Die Regierung ist in diesen Fragen sehr tolerant. Das sind wichtige Schritte, auch in Fragen der Religionsfreiheit. Der Wille der Gläubigen, die Stärke der Bischöfe und die Toleranz der Regierung spielen in guter Weise zusammen, wenn es um die Umsetzung solcher Initiativen geht.

Kann man hier eine zunehmende Toleranz der chinesischen Regierung feststellen?
Das ist eine sehr langsame Entwicklung. Aber wir machen große Fortschritte. China hat sich nach der Reformpolitik von Deng Xiaoping geöffnet. Allerdings findet diese Öffnung nicht auf allen Gebieten in der gleichen Geschwindigkeit statt. Wirtschaftlich sind wir offen für Investitionen, Technologietransfer und Kapitalanlagen. Weniger offen ist China für die Theologie und religiöse Fragen. Die Regierung lenkt das Land. Dabei hat sie einen Fuß auf dem Gaspedal und einen Fuß auf der Bremse. Man gibt bei der wirtschaftlichen Entwicklung und für die Finanzwelt Gas, in religiösen Fragen, in Fragen der Demokratie und Menschenrechte, da steht man etwas auf der Bremse. Zurzeit funktioniert das noch, aber eine solche Politik ist schwer durchzuhalten. Daher muss man realistisch sein. Ich bin – verglichen mit der Zeit von Mao Zedong – als Bischof von Shanghai mit der Situation zufrieden. Im Vergleich zu anderen Ländern in der Welt haben wir noch nicht alle Freiheiten. Aber ich muss sagen, dass die Regierung so tolerant ist, dass wir fast alles machen können. Wir dürfen schon eine Abendschule betreiben, aber noch keine Universität eröffnen. Wir können Zeitschriften verlegen, aber noch keine Tageszeitung. Derzeit hätten wir auch gar nicht die

Kraft, eine Universität oder eine Tageszeitung zu gründen. Unser Verlag und unsere sechs Zeitschriften sind dafür noch nicht gerüstet. Auch die Abendschule hat noch nicht das Potential, zu einer Universität ausgebaut zu werden. So muss man realistisch bleiben und das, was bisher schon erreicht wurde, schätzen. Die Entwicklungen in China gehen oft behutsam und in kleinen Schritten voran. Aber das ist nicht schlimm und somit kann ich sagen, dass ich zufrieden bin.

Exzellenz, wie haben Sie Ihre Kontakte ins Ausland nach Ihrer Freilassung 1982 wieder aufgenommen?
Meine erste Reise ins Ausland hat mich nach Manila, in die Hauptstadt der Philippinen geführt. Auf Einladung des dortigen Bischofs, Kardinal Jaime Sin, war ich dort zu Gast. Kardinal Sin war vorher von offizieller Seite nach China eingeladen worden. Also hat er eine Gegeneinladung ausgesprochen. Zehn Personen sollten nach Manila reisen. Kardinal Sin bestand darauf, dass ich mit unter den Reisenden sein sollte. Die Regierung und das Büro für religiöse Angelegenheiten waren vorerst etwas im Zweifel. Der Direktor des Büros hatte mir persönlich mitgeteilt, dass man Angst habe, ich würde diese Chance nutzen und im Ausland bleiben. Bei den anderen Kandidaten, die in der Delegation dabei sein sollten, habe man diese Befürchtung nicht. Allerdings läge eine persönliche Einladung für mich durch Kardinal Sin vor. Dieser könne man sich leider nicht verweigern, sodass man mich doch reisen lassen werde. Ich habe ihm damals versichert: Sie brauchen keine Angst haben, ich werde sicher wieder zurück nach Shanghai kommen. So geschah es natürlich auch.

Mein zweiter Besuch ging dann 1985 nach Hongkong. Ich war damals von John Tong Hon eingeladen, dem heutigen Kardinal und Bischof von Hongkong. Insgesamt waren wir zehn Tage in der Stadt. Deutschland war dann das Ziel der dritten Reise. Eingeladen war ich von Manfred Plate, dem mittlerweile verstorbenen Chefredakteur von ›Christ in der Gegenwart‹, und von der Familie des nun

ebenso verstorbenen Malers und Kunstprofessors Georg Meistermann, meines alten Freundes noch von meinem ersten Aufenthalt
in Deutschland 1949. Meine Reise wurde auch von der Familie Meistermann und von der Zeitschrift ›Christ in der Gegenwart‹ finanziert. Begleitet haben mich damals ein Seminarist und ein Mitarbeiter. Wir sind nach München zum dortigen Erzbischof, Kardinal
Friedrich Wetter, nach St. Augustin zu den Steyler-Missionaren
gefahren und haben in Köln Erzbischof Joseph Kardinal Höffner
besucht, ebenso den Bischof von Essen, Franz Hengsbach. Letzter
hat sich meiner Meinung nach nicht sehr intelligent verhalten. Als
ich ihn mit meinen Begleitern besuchte, begrüßte er mich gleich mit
den Worten: »Sie sind ja gar nicht frei. Sie sind von ihren Begleitern
überwacht. Das sind alles Agenten der Kommunisten.« Ich versicherte ihm, dass meine Begleiter nicht einmal Deutsch sprechen
könnten. Dann war für ihn sofort klar, dass meine Begleiter Auf-
nahmegeräte bei sich führten, um meine Gespräche aufzuzeichnen.
Ich versicherte ihm nochmals, dass ich am Tag zuvor auch bei Kardinal Höffner in Köln gewesen sei. Damit stand für ihn fest, dass
ich selbst es bin, der einen Bericht an die chinesische Regierung
übergeben wird. Ich halte ihn nicht für sehr klug, denn selbst wenn
meine Begleiter zur Überwachung dabei gewesen wären – was defi-
nitiv nicht der Fall war –, wäre es nicht sehr schlau gewesen, das in
deren Gegenwart zu erwähnen.

Dann fuhren wir weiter nach Berlin. Dort traf ich Bischof Joachim Meisner, der später Erzbischof von Köln wurde. Auch besuchten wir den Vorgänger von Bischof Walter Kasper in Stuttgart, Bischof Georg Moser von Rottenburg-Stuttgart. Bei ihm erinnere ich
mich noch an eine lustige Begebenheit: Er besuchte 1979 China als
Teilnehmer einer Delegationsreise des Landes Baden-Württemberg
und wurde bei diesem Besuch sogar von Hua Guofeng empfangen,
der als Premierminister der Volksrepublik China, Vorsitzender der
Kommunistischen Partei Chinas und Vorsitzender der Militärkommission direkter Nachfolger von Mao Zedong war. Bischof Moser
äußerte bei diesem wichtigen Empfang in China die Bitte, vor seiner

Weiterreise den Bischof zu treffen. Das war aber damals ein großes Problem, da noch keine Kirche in China geöffnet war. Daraufhin brachte Bischof Moser die Bitte vor, wenigstens in Shanghai den Bischof treffen zu dürfen. Das wurde genehmigt. Allerdings wohnte mein Vorgänger, Bischof Zhang Jiashu von Shanghai, zusammen mit Schwestern in einer sehr ärmlichen Behausung. Man konnte dort keinen Besuch arrangieren. Also ließ sich das Büro für religiöse Angelegenheiten etwas einfallen und mietete in einem 5-Sterne-Hotel eine Suite an. Dort fand dann das Treffen von Bischof Moser und Bischof Zhang statt. Als Bischof Moser dort ankam, ist unser Bischof aus seinem Arbeitszimmer in das Besprechungszimmer gekommen, hat ausnahmsweise ein wertvolles Kreuz getragen und einen teuren Ring für diesen Tag bekommen. Als ich dann Bischof Moser in Stuttgart besuchte, erklärte er mir, dass mein Bischof unmöglich sei. Bei seinem Besuch 1979 sei keine einzige Kirche geöffnet gewesen, den Katholiken sei es nicht möglich gewesen, an der Messfeier teilzunehmen, aber der Bischof hätte in einem Luxushotel gewohnt (lacht). Ich konnte ihn dann wenigstens aufklären, dass unser Bischof sich nur für sechs Stunden in diesem Hotel aufgehalten hat. Das ist wirklich sehr amüsant, dass von 1979 bis 1986 Bischof Moser dachte, unser Bischof sei derartig verkommen gewesen. Das ist eine der Anekdoten, die deutlich machen, wie China manchmal von außen falsch gesehen wird und wie raffiniert das Büro für religiöse Angelegenheiten oft arbeitet.

Nationales Büro für religiöse Angelegenheiten
国家宗教事务局

Eine Reihe von sowohl zentralen als auch lokalen Verwaltungsvorschriften bilden die Grundlage für die Durchführung der Religionspolitik in China. Die konkrete Umsetzung der Vorschriften wird vom nationalen Büro für religiöse Angelegenheiten verantwortet, dessen

Vorläufer bereits 1950 kurz nach der Gründung der VR China ins Leben gerufen wurde und das direkt dem Staatsrat untersteht und auf Provinz- und Kreisebene Zweigstellen besitzt. Alle fünf staatlich anerkannten Religionen – Buddhismus, Taoismus, Islam, Katholizismus und Protestantismus – unterliegen bestimmten Vorschriften und müssen jeweils in sogenannten Patriotischen Vereinigungen organisiert sein. Diese Vereinigungen sollen sowohl eine interne Kontrolle über die Gläubigen ermöglichen als auch als Bindeglied zwischen den Religionsgemeinschaften und der Regierung fungieren. Als eine staatliche Einrichtung kontrolliert das nationale Büro für religiöse Angelegenheiten die religiösen Vereinigungen wie etwa die Chinesische katholische Bischofskonferenz oder die Patriotische Vereinigung der chinesischen katholischen Kirche und achtet auf die Einhaltung nationaler Belange wie zum Beispiel der territorialen Einheit Chinas. Darüber hinaus ist das Büro mit einem klaren Unterweisungsauftrag ausgestattet. So soll es etwa innerhalb der Religionsgemeinschaften für die Förderung des Patriotismus und des Sozialismus sorgen. Nach Zahlen von Ende 2010 gehören dem Büro mehr als 340 Delegierte, darunter über 60 Bischöfe an. Das Büro gibt jährlich Berichte über seine Arbeit und die Entwicklung der Religionen in China heraus und veröffentlicht zu Beginn jeden Jahres Pläne für die Vorhaben im laufenden Jahr. Für 2012 sind eine Reihe von Maßnahmen zur Regelung des religiösen Lebens in Tibet vorgesehen.

Was haben Sie dann noch von der Welt gesehen? Was waren weitere Auslandsreisen von Ihnen?

Nachdem ich 1986 in Deutschland war, war ich noch im selben Jahr zum ersten Mal in den Vereinigten Staaten. 1987 unternahm ich eine Reise nach Belgien, Frankreich und in die Schweiz. 1988 ging es gleich nochmals in die USA. Seit dieser Zeit war ich dann, solange meine Gesundheit dies zuließ, jedes Jahr zweimal im Ausland. So besuchte ich Italien – allerdings ohne Rom –, Österreich, Australien,

Singapur, Japan, die Philippinen und viele andere Länder in Europa und Staaten in den USA. Ich war immer auf Einladung in den Ländern, meistens auf Einladung von dortigen Bischöfen oder alten Freunden. Wir haben uns über die gegenseitigen Möglichkeiten des Austausches und der Kooperation unterhalten.

Wie wichtig war die Hilfe aus dem Ausland für den Wiederaufbau Ihrer Diözese?
Für mich ganz privat war zunächst die Unterstützung von Privatleuten, wie zum Beispiel der Familie von Georg Meistermann, eine unglaubliche Hilfe. Sie haben mir mehrmals Reisen nach Deutschland finanziert. Nachdem ich Mitte der 80er Jahre damit begonnen hatte, Reisen ins Ausland zu unternehmen, erhielt ich von dort große Unterstützung für die Diözese. Es gab viele Menschen und Institutionen, die uns unterstützt haben. Ich habe die Spender auf einer Liste festgehalten. Ich selber und die Diözese schließen sie täglich in unser Gebet ein. Möge ihnen der Himmel dies hundertfach danken.

Auf diesen Reisen konnte ich beispielsweise mit Missio Aachen, Missio München, Misereor, Kirche in Not und dem Kinderhilfswerk sprechen und die dortigen Entscheidungsträger kennenlernen. Von diesen Einrichtungen erhielten wir unendlich viel Hilfe. Besonders ist hier Bischof Josef Homeyer von Hildesheim zu nennen, der mich ebenfalls großartig unterstützte. Auch muss ich dem Bischof von Rottenburg, dem späteren Kardinal Walter Kasper, und Prälat Klaus Krämer, dem heutigen Präsident des Kindermissionswerkes, danken. Genauso Kardinal Friedrich Wetter, dem damaligen Erzbischof von München. Er wies nie eine meiner Bitten ab. Ich muss wirklich sagen, dass die größte Hilfe für uns in Shanghai aus Deutschland kam. Genauso muss ich hier auch Prälat Arnold Poll nennen. Er war Präsident des Kinderhilfswerks und ein Freund des damaligen Bundeskanzlers Helmut Kohl. Er sagte uns viel Hilfe zu und hielt seine Versprechen auch.

Wie sieht diese Unterstützung gerade im Bereich der Priesterausbildung aus?

Das Priesterseminar am Sheshan – beim Sheshan-Marienwallfahrtsort in Shanghai – ist in Ostchina für sechs Provinzen und eine regierungsunmittelbare Stadt, nämlich Shanghai, zuständig und damit eine sehr wichtige Einrichtung. Die Bischöfe schicken ihre Priesteramtskandidaten zu uns ins Seminar. In den meisten Diözesen besteht der Wunsch, dass wir die Kandidaten unentgeltlich im Seminar aufnehmen. Viele Freunde unterstützen uns hier finanziell in einem enormen Umfang. Um ein Priesterseminar aber erfolgreich zu betreiben, ist vor allem gutes Lehrpersonal und eine entsprechend gute Ausstattung mit theologischer und philosophischer Literatur und Nachschlagewerken wichtig. Ich danke vor allem den Priestern und Nonnen, die unentgeltlich im Priesterseminar in Sheshan unterrichten. Sie kommen dazu extra aus Europa, Amerika und aus Hongkong und Taiwan angereist. Ohne diesen leidenschaftlichen Einsatz hätten in Sheshan seit der Wiedereröffnung 1985 nicht über 400 Priester ausgebildet werden können. Sie müssen ja bedenken, dass die Referenten und Professoren selbst für ihre Reise aufkommen, da wir leider nicht in der Lage sind, die Reisekosten zu tragen oder gar etwas für den Unterricht zu bezahlen. Diese Menschen predigen nicht allein mit dem Wort, sie überzeugen mit ihrer ganzen Persönlichkeit, ihre missionarische Hingabe ist bewundernswert. Wir können viel von ihnen lernen.

Wurden all Ihre Reisen immer problemlos von den Behörden genehmigt?

Natürlich musste ich für jede Reise eine Genehmigung der Regierung bekommen. Es war nie wirklich schwierig, aber auch nie einfach. Zwei Monate vor Beginn jeder Reise musste ich das Einladungsschreiben vorlegen. Normalerweise bekam ich dann die Erlaubnis für die Reise erst wenige Tage vor der Abreise. Das war schon immer etwas problematisch, denn ich musste ja dann noch das Visum von dem Land bekommen, in das ich reisen wollte. Besonders das deutsche Konsulat belehrte mich immer, dass ich etwas früher kommen sollte. Immer müsse man mir das Visum sofort ausstellen, ob ich denn nicht einmal rechtzeitig kommen könne. Immerhin sei mein Einladungsschreiben ja schon über zwei Monate vorher bei mir eingegangen. Ich musste dann immer erklären, dass ich meine Reiseerlaubnis von der chinesischen Seite immer erst kurz vor der Abreise bekomme. Daran sieht man auch wieder, dass das Ausland oft nicht die Probleme unseres Landes richtig kennt und einschätzt, selbst die Konsularbeamten in Shanghai.

Einmal aber wurde mir die Ausreise nicht gestattet. Das war 1996, als ich wieder nach Deutschland reisen wollte. Man hatte die Reise erst genehmigt, doch zwei Tage später mitgeteilt, die Genehmigung sei zurückgezogen. Der Grund war folgender: Ich sollte nach München fliegen, doch am selben Tag sollte Papst Johannes Paul II. in Berlin eintreffen. Die Regierung hatte Angst, ich könnte den Papst in Deutschland treffen. Das war wirklich in letzter Minute. Das Visum für Deutschland hatte ich schon erhalten und mein Pass war gerade im polnischen Konsulat, da ich von Deutschland weiter nach Polen reisen wollte. Das war aber auch das einzige Mal, dass mir die Ausreise verweigert wurde.

Aber wir erinnern uns noch an die Einladung von Papst Benedikt XVI., der Sie zur Weltbischofssynode nach Rom eingeladen hat ...
Richtig, das war das zweite Mal. Damals war natürlich auch der Grund, dass die Regierung keinen Kontakt von mir mit dem Heiligen Vater wollte. Das war 2005, aber da hatte ich von Anfang an keine Genehmigung erhalten. Damit war die Situation eine andere. Denn 1996 wusste ich gar nicht, dass der Papst in Deutschland sein sollte und es war auch kein Treffen geplant. Ich wollte ja nach München fliegen und der Papst sollte in Berlin ankommen. Aber 2005 war klar, dass ich mit dem Heiligen Vater zusammentreffen würde, wenn ich auf seine Einladung hin zur Weltbischofssynode nach Rom in den Vatikan reisen würde. Das sollte von Beginn an unterbunden werden, dafür war die Entwicklung der Beziehungen zwischen der Volksrepublik China und dem Heiligen Stuhl noch nicht weit genug.

Sie werden von vielen hochrangigen Vertretern aus dem Ausland als Gesprächspartner sehr geschätzt. Welche dieser Begegnungen haben Sie in besonders guter Erinnerung?
Ich habe in den letzten Jahren in der Tat viele hochrangige Besucher empfangen, darunter wichtige Politiker wie die deutsche Bundeskanzlerin Angela Merkel, den damaligen deutschen Bundestagspräsidenten Wolfgang Thierse, den damaligen italienischen Ministerpräsidenten und Präsidenten der EU-Kommission Romano Prodi, den ehemaligen italienischen Ministerpräsidenten Giulio Andreotti, den ehemaligen Gouverneur von Hongkong, Chris Patten, und den ehemaligen Präsidenten des Internationalen Olympischen Komitees, Antonio Samaranch. Sie waren alle sehr freundschaftlich, haben Anteil an China genommen, besonders war es ihnen ein Anliegen, uns sowie die Probleme der Religionsfreiheit und der Menschenrechte in unserem Land besser zu verstehen. Aber oft überschätzten sie meine Rolle, indem sie annahmen, ich könne die chinesische Kirche repräsentieren oder eine Art außenpolitischer Ansprechpartner in kirchlichen Angelegenheiten sein. Ich bin nur der Bischof einer Diözese, mehr nicht.

Was sind die Herausforderungen der Diözese Shanghai von heute?
Eine sehr große Herausforderung für China ist natürlich der Kulturschock. Viele Ausländer und Chinesen treten ja dafür ein, China vollkommen zu verwestlichen. Und der Kulturschock hat eigentlich gerade erst richtig begonnen. Eine richtige Verbindung des Westens mit China, also eine Inkulturation der westlichen Werte, auch eine mögliche Inkulturation des katholischen Glaubens im modernen China ist wirklich eine äußerst schwierige Aufgabe.

Ansonsten haben wir in der Diözese Shanghai eigentlich ganz normale Verhältnisse. Wir haben einigermaßen viele Priester und Ordensleute. Die Regierung kontrolliert uns zwar, aber nicht zu streng. Wir können die Evangelisierung voranbringen, dürfen Bücher drucken, Altenheime betreiben. Alles in allem sind wir frei. Allerdings haben wir keinen offiziellen diplomatischen Kontakt mit dem Vatikan. Der Nuntius für China residiert immer noch in Tai-wan. Abgesehen davon bin ich mit einer Ausnahme zufrieden: Wir dürfen keine normale Schule betreiben. Das wird nicht genehmigt. Aber ich habe auch dafür eine Lösung gefunden: Die Diözese Shang-hai betreibt eine Abendschule. Ein regulärer Schulbetrieb wird uns leider nicht gestattet. Ein Krankenhaus könnten wir betreiben. Aber die Anforderungen dafür sind sehr hoch. Es müsste als Voll-krankenhaus anerkannt werden. Das bedeutet aber, dass man eine bestimmte Anzahl von Fachabteilungen unterhalten müsste, und das wiederum kostet sehr viel Geld, das wir nicht haben. Immerhin können wir Zeitschriften herausgeben. Eine katholische Zeitung wäre zwar nicht erlaubt, aber Zeitschriften eben schon. Diese ver-legen wir in unserem eigenen Verlag und drucken sie in unserer eigenen Druckerei. Ich habe als Bischof auch gerade das Geld, um die Arbeit insgesamt zu finanzieren. Vor einigen Jahren musste ich noch als Bettler durch die Welt ziehen. Ich habe damals vor allem aus Deutschland, Österreich und der Schweiz viel finanzielle Un-terstützung erhalten. Seit wenigen Jahren bin ich, was das tägliche Brot unserer Diözese angeht, kein Bettler mehr. Wir haben hier, wo sich zu meiner Jugend das St. Ignatius-Kolleg befand, im Jahr 2000 das neue Gebäude für unser Ordinariat gebaut. Durch die Vermietung der Rückgebäude des Komplexes bekommen wir statt-liche Mieteinnahmen. Über 10.000 Quadratmeter an Wohn- und Bürofläche können wir hier vermieten. Aber um neue Kirchen zu errichten, soziale Werke zu leisten, zur Finanzierung der Studenten in den Seminaren und für alle anderen größeren Projekte sind wir leider immer noch auf die Hilfe unserer Wohltäter angewiesen.

Wie steht es um die Theologie in China? Seit mehr als 20 Jahren studie-ren ja viele chinesische Priesteramtskandidaten, Priester und Ordens-schwestern im Ausland und kehren dann nach China zurück. Wo kann man die chinesischen Aspekte in der katholischen Theologie sehen? Oder hat es noch nicht begonnen, dass sich auch chinesische theologi-sche Ansätze entwickeln?

Theologie in China? Wir unterrichten immer noch die westliche scholastisch-philosophische Lehre vom hl. Thomas von Aquin wie früher zu meinen Zeiten. Es gibt keine Theologie mit chinesischen Charakterzügen. In der Tat haben wir ein paar junge Leute nach Amerika oder Europa für das Studium gesandt. Was sie gelernt haben, ist völlig westlich. Die Inkulturation der Theologie ist notwendig. Dafür ist es aber wesentlich, unsere eigene Kultur gut zu kennen. Dies ist aber genau, was unseren jungen Priestern fehlt. Zudem wäre interessant zu wissen, wie der neue Leiter der Kongregation für die Glaubenslehre in Rom, Erzbischof Gerhard Ludwig Müller, auf eine sozusagen chinesischere Theologie reagieren würde? Aber warum sollte man nicht beispielsweise Gedanken des chinesischen konfuzianischen Rechtssystems ernst nehmen? Es ist sogar älter als das römische und hat auch sehr viele interessante Aspekte. Das römische Rechtsdenken ist ja auch in die christliche Theologie eingeflossen.

Hat die Liturgie in China genug chinesische Elemente? Oder vermissen Sie eine noch weitergehende Inkulturation und Aufnahme von Elementen aus der jahrtausendealten Kultur Chinas?
Die Liturgie unserer Kirche ist ausgesprochen westlich. Es gibt überhaupt keine chinesische Inkulturation. In der Vergangenheit hatten die Missionare in der Ming- und Qing-Dynastie die besondere Erlaubnis erhalten, bestimmte Liturgien chinesisch einzufärben. Aber die Praxis wurde dann ja abgebrochen und wir haben es nicht geschafft, unsere eigene Kultur wieder in die Liturgie einzubauen. Das liegt auch an der strategischen Unterdrückung und Ausrottung unserer alten chinesischen Kultur nach der Machtübernahme durch die Kommunisten.

Wichtig ist heute aber, da stimme ich ganz mit dem Abschlussdokument der letzten Zusammenkunft der China-Kommission im Vatikan überein, dass das Studium des Katechismus der Katholischen Kirche gefördert werden muss und die Verbreitung von kirchlichen und geistlichen Bewegungen für China wichtig ist, damit der Glaube in die Tiefe und Breite wachsen kann.

In Europa herrscht derzeit der sogenannte »Priestermangel«. Wie sieht es dazu hier in China und ganz besonders in Shanghai aus?

Der Priestermangel ist ein weltweites Phänomen. Wir haben derzeit viele junge Priester, aber auch bei uns wird sich in der Zukunft ein Mangel einstellen. Seit über 30 Jahren haben wir die Ein-Kind-Politik. Gemäß der Bevölkerungspolitik der chinesischen Regierung darf jede Familie nur noch ein Kind haben. Weniger Kinder bedeutet entsprechend weniger Berufungen. Auch der Zölibat ist da ein großes Hindernis, da dies für die Eltern eines Priesters bedeutet, dass sie keine Enkelkinder haben werden. Für die Chinesen ist es überaus wichtig, dass eine Familie fortbesteht. Einer der Sprüche im Konfuzianismus lautet: »Es gibt drei Verstöße gegen die Pflicht zur Pietät. Der größte Verstoß ist, wenn jemand keine Nachkommen hat.« Daher untersagen viele Glaubensbrüder ihren Söhnen und Töchtern den Eintritt in ein Kloster oder in das Priesterseminar. Die Priester Shanghais stammen zum größten Teil aus Dörfern Nordchinas. Bisher ist die Ein-Kind-Politik vor allem in den großen Städten konsequent umgesetzt worden. Auf dem Land gab es hier einen größeren Spielraum. Jetzt kommt diese politische Vorgabe aber auch auf dem Lande immer mehr zum Tragen, daher werden der chinesischen Kirche in Zukunft in gleichem Maße Priester fehlen. So wird die Stellung der Laien weiter steigen, denn dann ist es an ihnen, die Mission zu übernehmen, wenn es nicht mehr genug Priesterberufungen geben wird.

Natürlich haben wir in dieser großen Stadt sehr viel zu tun. Daher bräuchten wir selbstverständlich mehr Priester. Aber in Shanghai gibt es einfach keine Berufungen. Das ist für die großen Städte ein wirkliches Problem. Über 80 Prozent der Priester in Shanghai kommen aus dem Norden Chinas, vor allem aus den Provinzen Shanxi, Hebei und der Inneren Mongolei. Shanghai hat 85 Priester, davon nur 15 gebürtige Shanghaier. Nonnen gibt es 80, nur wenige sind gebürtige Shanghaierinnen. Für mich ist das eine ganz schwierige Herausforderung. Denn einem Teil der Kandidaten, die in das Seminar eintreten, geht es nicht um die Evangelisation, sondern um ihre

Karriere. Wenn sie in ihrer Heimat blieben, könnten sie nur als Bauern arbeiten. Und die Bauern auf dem Land führen meist ein sehr armes Leben. Aber wenn sie einmal in Shanghai sind, dann haben sie eine neue Identität. Man begegnet ihnen mit großem Respekt, sie haben mehr Geld zur Verfügung und in den Pfarreien sind ihnen noch dazu alle gehorsam. In der Stadt Shanghai gibt es zudem mehr Geld, mehr schöne Frauen, also mehr große Versuchungen. Dadurch verlor ich schon mehr als zehn Priester. Im Seminar führen sie noch ein vorbildliches Leben, aber wenn sie dann alleine in einer Pfarrei tätig sind, wird es sehr schwierig. Geld und Frauen üben eine zu große Anziehungskraft aus. Bei den Schwestern haben wir oft dasselbe Problem, bloß mit umgekehrten Vorzeichen. Über zehn fertig ausgebildete Priester, die wir auf diesem Weg verloren haben, sind eine große Anzahl.

Hätten die Jesuiten noch Nachwuchs in Shanghai, wenn es sie dort jetzt noch gäbe? Wie sieht es mit der Zulassung von Männerorden in China insgesamt aus?
Internationale Männerorden sind weiterhin verboten. Angeblich gibt es geheime Noviziate im Norden Chinas, aber in Shanghai ist so etwas undenkbar. Hier wird jeder Winkel überwacht. Aber ich kann in Ruhe und Freiheit arbeiten, solange ich nicht gegen die kommunistische Führung agiere. Aber das ist doch normal und ich habe als Bischof von Shanghai kein Interesse, gegen die Regierung zu arbeiten. Sie sehen ja auch als Ausländer, dass viele Dinge in China möglich sind. Ich habe sogar direkten Kontakt in den Vatikan. Ich berichte direkt an meinen Generaloberen der Jesuiten, also unmittelbar nach Rom. Aber ich habe im Vatikan auch noch andere persönliche Freunde. Einer davon ist Erzbischof Maria Celli, ein anderer der französische Kardinal Roger Etchegaray. Dann habe ich dort Kardinal Walter Kasper als meinen guten Freund. Durch sie erhalte ich Nachrichten vom Heiligen Stuhl. Die Regierung weiß das natürlich, und natürlich werden meine Schreiben zensiert. Wir kommunizieren per Fax und per Brief, denn als Bürger habe ich ja

das Recht, Briefe zu schreiben. Die Regierung interveniert aber selten bei den modernen Formen der Kommunikation.

Diözese Shanghai

Die Entstehung des Bistums Shanghai geht zurück bis zum Beginn des 17. Jahrhunderts und ist untrennbar mit den jesuitischen Missionaren um Matteo Ricci und Xu Guangqi, einem hochrangigen chinesischen Konvertiten aus Shanghai, verbunden. Nach dem Tode Xu Guangqis 1633 war es seine Enkelin Candid Xu, die auf Reisen durch den chinesischen Süden die Christianisierung weiterführte und mehr als 30 Kirchen baute. Sie war es auch, die für Francesco Brancati, SJ – eine der wichtigsten Figuren in der frühen Shanghaier Kirche – den Grund und Boden erwarb, auf dem das erste Gotteshaus in Shanghai errichtet wurde. Im Jahr 1847 wurde die Dongjiadu-Kathedrale gebaut, ganz im italienisch-barocken Stil nach dem Vorbild der Jesus-Kathedrale in Rom. Sie ist die erste Kirche in China, die mehr als 2000 Leute fassen kann. Sie war die erste Kathedrale in Shanghai und gehört heute zu den Kulturdenkmälern in Shanghai. Das katholische Leben Shanghais hat sein Zentrum im Bezirk von Xujiahui mit der 1906 errichteten Kathedrale St. Ignatius, die 3000 Gläubige fasst. Unter Papst Pius XI. wurde 1933 ein Apostolisches Vikariat gegründet, 1946 erfolgte die Erhebung zum Bistum mit dem Franzosen Auguste Haouisée, SJ (1877–1947) als erstem Bischof.

Bevor sich die Beziehungen der VR China zum Vatikan in den 50er Jahren dramatisch verschlechterten, zählte das Bistum noch kurze Zeit nach der Gründung der Volksrepublik 1949 78 Diözesanpriester, 117 Ordenspriester und 690 Ordensschwestern. Für 2008 wird die Anzahl der Katholiken auf ca. 150.000 geschätzt. Bemerkenswerte Fortschritte hat man in den zurückliegenden Jahren beim Aufbau eines Priesterseminars auf dem nicht weit von Shanghai liegenden Sheshan und einer eigenen kirchlichen Presse im »Guangqi«-Verlag gemacht.

Männerorden wurden in China schon sehr früh, in den fünfziger Jahren, verboten. Aber Liu Bainian wollte eine neue internationale Kongregation gründen. Er hatte dazu einen Priester nach Paris geschickt. Er studierte dort viele Jahre lang an der Hochschule einer Gemeinschaft, die »Prado« heißt und von dem seliggesprochenen Antoine Chevrier (1826–1879) aus Lyon gegründet wurde. Wenn er fertiger Priester ist, möchte Liu Bainian diese Kongregation gründen. Er selbst möchte also Gründer werden, zumindest einer interdiözesanen Gemeinschaft, wenn eben nicht sogar einer internationalen. Aber das ist nicht so einfach. Vor allem fehlt es an echten Berufungen. Die wenigen Priester, die es im Moment gibt, sind alle Diözesanpriester. So eine Kongregation müsste ein Postulat einrichten, dann ein Noviziat und so weiter. Das ist alles leichter gesagt, als dann wirklich getan.

Männerorden sind also heute immer noch nicht zugelassen in China. Wie steht es aber mit den Frauenorden? Wie viele Kongregationen und wie viele Schwestern gibt es gerade in der Stadt? Wie sieht es mit ausländischen Frauen-Kongregationen aus?
Vor 1949 gab es in China viele Frauenorden, zum größten Teil waren sie international. In Shanghai zum Beispiel gab es neun Orden, davon acht internationale. Nach 1949 nahm die Zahl der internationalen Orden ab und es gab nur noch nationale. In Shanghai gibt es heute den Orden der heiligen Muttergottes mit etwa 100 Ordensschwestern. Fast jede Diözese hat heute ihren eigenen Frauenorden, an internationalen Frauenorden gibt es nur die lokalen Hilfsorden und den taiwanesischen Orden der Holy Family.

Wenn man diese unglaubliche Dynamik in Ihrer Stadt und Ihrem Land sowie den wirtschaftlichen Aufschwung sieht, stellt man sich natürlich auch die Frage, welche Chancen die Kirche in China hat.
In dieser Hinsicht habe ich etwas Angst. Die Wirtschaft boomt. In so einer Situation haben wir auch mehr finanzielle Möglichkeiten zur Evangelisierung der Menschen. Aber ich habe nicht genügend

Mitarbeiter. Wir haben für diese Situation zu wenig Priester und Schwestern. Daher muss ich leider davon ausgehen, dass ich die Möglichkeiten, die sich uns bieten, nicht ganz ausschöpfen kann. Wenn ich diese Chancen aber jetzt nicht ergreife, dann werden wir in 20 Jahren marginalisiert und in der Bedeutungslosigkeit verschwinden. Man wird die Kirche nicht mehr sehen und hören, denn dann gibt es noch mehr Menschen, noch mehr Möglichkeiten für jeden Einzelnen, sein Leben zu gestalten, und noch größere Versuchungen.

Sind die Menschen in China offen für die Evangelisation? Oder gilt der christliche Glaube immer noch als etwas Fremdes aus dem Westen?
Früher war das Christentum Teil der westlichen Kultur und war der chinesischen sehr fremd. Jetzt ist das im Rahmen von Modernisierung und Globalisierung etwas völlig anderes. Der Eindruck, das Christentum sei eine rein westliche Angelegenheit, ist völlig verschwunden. Mission in China ist natürlich möglich. Das sieht man auch an dem rasanten Wachstum der Protestanten in China. Viele ehrliche, junge und lebensfrohe Menschen suchen die Wahrheit, die sie im Konfuzianismus und im Marxismus nicht finden. Sie wollen glücklich sein. Sie werden Christen, nicht aus weltlichem Opportunismus, sondern weil sie wahres Glück suchen.

Warum sind die Protestanten in der Mission in China erfolgreicher als die Katholische Kirche?
Vor der Gründung der Volksrepublik 1949 gab es in ganz China nur 700.000 Protestanten. Jetzt sind es mindestens 30 Millionen, die Schätzungen gehen bis 100 Millionen, die Regierung spricht von 18 Millionen. Katholiken gab es 1949 schon über drei Millionen. Jetzt schauen Sie mal, wie viele wir jetzt sind. Die Regierung spricht von 6 Millionen. Im Ausland, zum Beispiel im China-Zentrum der Steyler-Missionare in St. Augustin spricht man von 15 Millionen. Das würde bedeuten, dass wir uns verfünffacht haben. Aber die Protestanten haben sich in derselben Zeit verhundertfacht.

Die Gründe sind einfach: Einerseits sind unsere Anforderungen höher: Bei uns müssen alle Katechumenen vor der Taufe mindestens drei Monate am Katechismusunterricht teilnehmen. Bei den Protestanten nicht. Das geht schneller, einfacher und so kommt es damit auch häufiger zu Taufen. Allerdings muss man auch sagen, dass alle Protestanten sich als Missionare verstehen. Nicht nur der Pastor einer Gemeinde, sondern alle Gemeindemitglieder. Sie sehen das als ihr persönliches Apostolat. Die Katholiken wollen nur beten, um ihre eigene Seele zu retten. Die Mission sieht man als Aufgabe der Priester, das sei deren Apostolat. Aber wir haben nun mal nur 85 Priester. Die meisten davon sind sehr gut. Einige aber auch nicht. Sie gehen nach der Messe schnell nach Hause und machen die Vorhänge zu. Dann hängen sie stundenlang im Internet, lesen Nachrichten und entdecken alles Mögliche und vertreiben sich die Zeit mit Computerspielen. Sie verbringen ihre Zeit nicht bei den Menschen und in der Mission, sondern am Computer. Nehmen sie die einzelnen Pfarreien als Beispiel: In einer hatten wir in einem Jahr nur neun Taufen. Und das in einer ganzen Pfarrei. In meiner Kathedrale hier hatten wir im gleichen Zeitraum 260 Erwachsenentaufen. So unterschiedlich wird die Missionsarbeit gemacht.

Wie sieht die Ökumene in Shanghai aus? Pflegen Sie den Kontakt zu den anderen Religionen?
Ich treffe mich häufig mit den religiösen Führern in Shanghai. Der Kontakt ist sehr gut und intensiv. Wir unterstützen uns gegenseitig. Aber die Gläubigen haben wenig Kontakt untereinander. Der Grund dafür liegt vor allem in der Aufspaltung der Protestanten in so viele Einzelgruppierungen. Es gibt in Shanghai die Methodisten, Presbyterianer, Anglikaner oder Adventisten. Diese Denominationen haben auch untereinander sehr wenig Kontakt. Sie sind sehr auf sich bezogen und verschlossen. Sie sind letztlich sehr konservativ, im Sinne von engstirnig, denn sie wollen keinen Kontakt mit anderen Gläubigen.
Interessanterweise werden die Katholiken und Protestanten in

China ja als zwei eigene Religionen angesehen, neben den in China staatlich anerkannten Religionen Buddhismus, Taoismus, und Islam. Ich selbst habe mit allen christlichen Einzelgruppierungen Kontakt, darüber hinaus auch mit den Buddhisten, Taoisten, am wenigsten mit den Moslems.

Allerdings können wir nicht zusammen beten. Dazu sind alle viel zu konservativ, das wäre in China derzeit undenkbar.

Ich erinnere mich dabei an eine Begebenheit von vor 20 Jahren. Ein Bischof aus der Provinz Guangdong war mit einigen seiner Priester zu Besuch in Shanghai. Sie besuchten auch den Jadetempel. Ein Priester des Tempels übergab dem Bischof einige Räucherstäbchen, um die traditionelle Inzenz auszuführen. Der Bischof nahm sie in Empfang und führte respektvoll die Kulthandlung aus. Die Priester, die ihn begleitet haben, sprachen sofort von einem ›Skandal‹. Sie haben ihn sofort verlassen. Sie sehen, eine wirkliche Gemeinschaft mit anderen Gläubigen ist nicht so einfach und im heutigen China noch undenkbar.

Ein Friedensgebetstreffen, wie es Papst Johannes Paul II. jedes Jahr mit allen Religionen in Assisi hat stattfinden lassen, wäre bei uns somit unmöglich. Wir sind nicht so progressiv wie ihr in Europa. Vielleicht kann man in zehn Jahren oder noch später über so etwas nachdenken.

Wie stark ist der Islam in Shanghai vertreten?
Er ist überhaupt nicht stark vertreten. Sehr stark sind die Buddhisten in unserer Stadt. Moslems haben wir insgesamt nur 40.000 in Shanghai. Es gibt in China zehn ethnische Gruppen, die muslimisch sind. Alle können auch in Shanghai gefunden werden. Derzeit gibt es sieben Moscheen in Shanghai. Der Islam kam in der Yuan-Dynastie, also im 14. Jahrhundert, nach Shanghai. Die muslimische Bevölkerung hier hat zugenommen nach dem Opiumkrieg im Jahr 1840, als Shanghai gezwungen war, sich für den Außenhandel zu öffnen. Aber sie sind präsent auf der Straße, da sie überall die guten Lammschaschliks am Spieß grillen und verkaufen.

Noch kleiner ist die Gruppe der 2000 bis 3000 Juden in Shanghai. Doch es waren mal mehr. Nach dem Opiumkrieg kamen mit den ausländischen Kaufleuten erstmals wieder sephardische Juden irakischer, persischer und indischer Herkunft, die sich vor allem in Shanghai niederließen. Eine Welle aschkenasischer Juden kam später aus Russland, um den russischen Revolutionären zu entfliehen. Zwischen 1920 und 1940 wurden in Shanghai sieben Synagogen gebaut. Während des Holocaust ergriffen 25.000 europäische Juden die Möglichkeit, in Shanghai ohne Papiere einreisen zu dürfen, und überlebten so in Shanghai die Zeit der NS-Herrschaft. Nach dem Krieg haben die meisten Shanghai allerdings wieder verlassen. Es ist belegt, dass schon im 8. und 9. Jahrhundert jüdische Händler auf der Seidenstraße nach China kamen. Die erste Synagoge wurde wohl 1136 in der Stadt Kaifeng errichtet. Als Matteo Ricci dort mit den Juden Kontakt aufnahm, waren sie äußerlich richtige Chinesen. Aber ihren Glauben haben sie über die Jahrhunderte bewahrt.

Ist die Spaltung der Katholiken eigentlich ein großes Hindernis bei der Mission?
Es ist besonders schade, dass die Kirche in China genau in dieser Situation, in der wir alle Kräfte brauchen, immer noch gespalten ist und der Vatikan bis vor kurzer Zeit nur die Untergrundkirche unterstützt hat, auch mit großen finanziellen Mitteln. Ich als Bischof der sogenannten Offiziellen Kirche erhielt in den letzten 20 Jahren keine finanzielle Unterstützung aus Rom. Ich spreche auch nicht von einer »offiziellen« Kirche, sondern von der »offenen« Kirche. Dennoch erhalte ich keine Unterstützung. Nur der Untergrund wurde finanziell gut ausgestattet. Dabei muss die Untergrundkirche keine Seminare unterhalten, da sie keine richtigen Seminare hat. Sie drucken keine Bücher, sie müssen keine Kirchengebäude bauen. Sowohl aus dem Vatikan als auch aus Taiwan und den Vereinigten Staaten fließen trotzdem immer noch Zuwendungen an die Untergrundkirche. Das ist eine sehr komische Situation, denn sogar von den

115

internationalen protestantischen Institutionen werde ich finanziell unterstützt. Es gibt zum Beispiel eine »United Bible Society« der Protestanten, die mir viel Geld zur Verfügung stellt. Ich druckte in unserer Druckerei vor einiger Zeit eine Million Bibeln. Das gesamte Papier dafür wurde von den Evangelikalen zur Verfügung gestellt. Auch druckte ich schon eine Million Messbücher – das Papier wurde von den Protestanten gestiftet, nicht vom Vatikan. Die Protestanten sagen mir, es gehe ihnen nur um die Evangelisation. Daher sei es ihnen gleich, ob Bibeln oder Messbücher gedruckt würden. Wann immer das Wort Gottes verkündet werde, müsse man helfen. Der Vatikan sieht das anscheinend etwas anders. Das ist eine Situation, die ich wirklich nicht verstehe.

Bei uns Katholiken ist die Spaltung in »Offizielle« und »Untergrund«-Kirche also ein großes Hindernis für eine gute Mission im Land. Eigentlich sollten wir miteinander die Mission voranbringen. Aber was tun wir? Wir kämpfen gegeneinander, anstatt unsere Energie zu vereinigen. Das ist nicht sehr glaubwürdig. Selbst Menschen, die außerhalb der Kirche stehen, sagen mir: Die Kirche spricht immer von *caritas*, von der Liebe. Aber ihr selbst schafft es nicht, zur liebenden Einheit zu kommen. Vielmehr hasst man sich fast gegenseitig. Aber immerhin sind heute 90 % der ca. 80 »offiziellen« Bischöfe von Rom anerkannt. Die Offizielle Kirche hat in China jetzt ungefähr 2200 Priester, 1300 Seminaristen und circa 5000 Ordensleute.

Dann stellt sich natürlich die drängende Frage, die sich für viele Christen weltweit stellt: Wie kann man die Spaltung der Katholiken in China überwinden?
Das wird sehr schwierig. Ich sprach darüber natürlich immer wieder mit dem Untergrundbischof Joseph Fan. Vor zehn Jahren habe ich schon vorgeschlagen, dass wir in Shanghai die Spaltung überwinden sollten. Ich habe ihm angeboten, einen Prozess der Normalisierung zu beginnen. Ich fragte auch nach, ob er sich vorstellen könnte, sich mit seinen Gläubigen uns anzuschließen. Aber er lehnte dies

leider von Anfang an ganz klar ab und erteilte einer möglichen Vereinigung hier in Shanghai eine Absage. Er meinte, er wollte weiter auf andere Zeiten warten. Oder auf einen Hinweis des Papstes. Ich war darüber natürlich sehr enttäuscht. Die Untergrundkirche und er als deren Bischof blockierten damals eine Vereinigung völlig. Wenn ich daran denke, dass er mein Assistent war, als ich Rektor des Seminars nach meiner Zeit in Europa war, ist es doch erstaunlich, wie weit sich unsere kirchenpolitischen Positionen voneinander entfernt haben.

War das der letzte Versuch von Ihnen, die Einheit wiederherzustellen?
Als ich vor 2004 im Krankenhaus war, besuchte mich Bischof Joseph Fan. Das war das letzte Mal, dass wir über diese Frage gesprochen haben. Allerdings hatten wir damals nicht viel Zeit, da ich schwer krank gewesen bin und nicht viel reden konnte.

Ich trete aktiv dafür ein, dass die Untergrundkirche mit uns zusammen arbeitet und es zu einer Vereinigung kommt und dass wir gemeinsam das Evangelium zu den Menschen bringen. Ich bat außerdem den Provinzial der Jesuiten in China um Hilfe, die Untergrundmitglieder der Jesuiten dazu zu bewegen, sich zu erkennen zu geben. Er schrieb in einem Antwortbrief, dass er drei Monate für diese Arbeit benötige. Jetzt sind 6 Jahre seitdem vergangen und nichts hat sich getan. Mögen alle den Heiligen Geist um eine Erleuchtung bitten.

Warum waren sie im Krankenhaus?
2004 lag ich fünf Monate wegen Herzbeschwerden im Krankenhaus. Das Problem war, dass ich unter Diabetes leide und auch schon sehr alt war, so dass ich nicht operiert, also zum Beispiel ein Bypass gelegt werden konnte. Oft dachte ich, meine letzte Stunde sei nun gekommen. So beschäftigte ich mich mit der Vergänglichkeit des Lebens und auf einmal kam mir das Leben viel zu kurz vor. Da waren noch so viele Dinge, die ich auf der Erde erreichen wollte. Ich empfand das dringende Bedürfnis, Gott und meine Mitbrüder um

Verzeihung zu bitten für alle Verfehlungen, deren ich mich schuldig gemacht habe. Zudem ließ mich der Wunsch nicht los, mich nochmals voll und ganz um die Versöhnung zwischen unserer Regierung und dem Vatikan zu bemühen. Ich war dann selbst am meisten erstaunt darüber, dass ich das Krankenhaus wieder lebend verlassen konnte. Dafür bin ich Gott sehr dankbar und ich erkenne daran auch, dass Gott jedem sein Leben immer wieder neu anvertraut, um es weiter für sein Reich einzusetzen.

Welche Schritte müsste man für die Wiederherstellung der Einheit unternehmen?

Zunächst muss man viel beten. Zum anderen warten wir auf die Normalisierung der Beziehungen zwischen unserer Regierung und dem Heiligen Stuhl. Der Weg dorthin ist natürlich auch eine Frage der Diplomatie und des Stils. Beispielsweise der ehemalige Bischof von Hongkong, Kardinal Joseph Zen, ist immer sehr gegen China eingestellt, ja er ist oft richtig aggressiv. So verfasste er einen 22 Seiten umfassenden Leitfaden zur »korrekten Interpretation« des Papstbriefes von 2007 an die chinesischen Katholiken. Er spielt sich zum Mittelsmann des Papstes auf. Und so gibt es Vertreter der Untergrundkirche, die das Gebet und die Zusammenarbeit mit uns suchen, und andere, die lieber auf Zen hören. Es ist sehr einfach, ein anti-kommunistischer Held in Hongkong oder in Italien zu sein. Aber es ist nicht einfach, ein anti-kommunistischer Held in Shanghai oder in Peking zu sein. Die Situation, die Umstände sind ganz unterschiedlich. Wir leben hier unter völliger staatlicher Kontrolle in Shanghai. Daher ziehe ich den Dialog vor und vermeide die Konfrontation. Im Dialog kann man vieles erreichen. Fast alles, was ich haben möchte, bekomme ich auch und kann entsprechend als Kirche wirken. Wenn ich aber den Weg der Konfrontation gehen würde, wäre unsere Situation genau die der Untergrundkirche. Wir hätten kein eigenes Priesterseminar, keine Abendschule, keine richtige Heimat, keine Kirchen. Immer wieder lud ich Kardinal Zen nach Shanghai ein. Er ist auch viermal hier gewesen und war immer sehr freundlich zu mir. Er stammt zwar ursprünglich aus Shanghai, aber er lebt seit Ende des chinesischen Bürgerkriegs, also 1949, in Hongkong. Er ist ein Demokrat und ein Held auf diesem Gebiet. Aber in China gibt es nun einmal keine westliche Demokratie. Und als Bischof ist es nicht meine Aufgabe, für Demokratie zu kämpfen, sondern für die Evangelisation. Daher haben wir unterschiedliche Ziele und leider nicht dieselben Sorgen. Wir sind befreundet, sogar sehr gut befreundet, aber wir haben in der Frage des Vorgehens und in der Frage, was wir erreichen wollen, keine großen Gemeinsamkeiten.

Am 1. Juli 1997 ist Hongkong von Großbritannien zurück an China übergeben worden. Welche Veränderungen hat es in Hongkong nach der Übergabe der Stadt zurück an China wirklich gegeben? Der vormalige Bischof von Hongkong, Kardinal Zen, beschwert sich ja immer wieder über staatliche Eingriffe und staatliche Bevormundung.
Hongkong ist am 1. Juli 1997 in den Schoß Chinas zurückgekehrt. Das liegt jetzt bereits über 15 Jahre zurück. Die Kirche in Hongkong war schon immer stark und selbstbewusst. Über 5 % der Bevölkerung von Hongkong ist katholisch, viele Schulen sind in kirchlicher Trägerschaft. Und die Mission geht auch voran. Ostern 2012 wurden dort 3500 Menschen getauft.

Die zentralchinesische Regierung hält sich fest an die Abmachung – nach dem Prinzip »ein Land, zwei Systeme« –, Hongkong all seine Freiheiten und das eigene politische System zu belassen. In Hongkong ist also alles wie immer. Die ausländischen Missionare besitzen eine Daueraufenthaltsgenehmigung und können sich frei bewegen, sie dürfen frei lehren und missionieren. Es herrscht Meinungsfreiheit. Kardinal Zen kann sagen, was er möchte, er kann die Regierung kritisieren, und er kann auch demonstrieren und seinen Protest gegenüber der Regierung zum Ausdruck bringen. Man kann sich natürlich fragen, ob das besonders heroisch ist in einem Land mit freier Meinungsäußerung.

Am 30. Juni 2007 schrieb Papst Benedikt XVI. an die Katholiken in China. Wie ist Ihre Einschätzung des Schreibens?

Den Brief haben wir zugegebenermaßen mit Bangen, aber auch mit Ungeduld erwartet. Doch er war eine große, hocherfreuliche Überraschung. Papst Benedikt XVI. ist wirklich ein sehr weiser und großartiger Mann. Als ich den chinesischen Text von einem Freund bekam, habe ich ihn zweimal aufmerksam gelesen und war zutiefst gerührt. Ich ging in meine Kapelle, dankte Gott und trug den Brief wieder und wieder in meinem Herzen voll Freude Gott vor. Danach teilte ich meine Freude mit meinen Priestern.

Benedikt XVI. ist ein wahrer Hirte der ganzen Kirche, der Universalkirche. Er erklärt in seiner liebenden, barmherzigen, verständlichen und sachlichen Weise, was die Botschaft und der Auftrag Jesu Christi an uns ist, ausgehend vom Evangelium und im Geist des 2. Vatikanischen Konzils. Sein Brief erinnert an die großen Vorlesungen der Ekklesiologie, die ich in Rom in meinen jungen Jahren hören durfte. Meine Liebe zur Kirche wurde durch den Brief bestärkt und ich fühlte mich auch in meiner Vision gestärkt, mich weiter intensiv für die Einheit der Kirche in China einzusetzen. Auch der Papst schreibt nur an *eine* katholische Kirche in China. Er unterscheidet nicht zwischen einer »Untergrundkirche« und einem offiziellen Teil. Keiner soll nunmehr von »zwei« Kirchen sprechen, weil es auch der Papst nicht tut.

Vor dem Brief galt ja die Acht-Punkte-Direktive von Kardinal Jozef Tomko, die dieser 1988 als Präfekt der Evangelisierungskongregation formuliert hatte. Wie hatte diese Direktive das Verhältnis zwischen Rom und China beeinflusst?

Mit der Veröffentlichung des Papst-Briefes ist die Acht-Punkte-Direktive, die Kardinal Tomko ausformuliert hatte, selbstverständlich obsolet geworden. Die Punkte waren unter anderem: Die Untergrundkirche sei die legitime Kirche in China. Die sogenannte Offizielle Kirche sei eine annähernd schismatische Kirchenorganisation. Daher könne man als Katholik nicht an der Messe in der sogenannten Offiziellen Kirche teilnehmen. Diese Direktive entspricht schon seit langem nicht mehr den Erfordernissen der Zeit, ihre negativen Auswirkungen waren ziemlich groß. Zahlreiche Untergrundgemeinden setzten diese Direktive sehr willkürlich ein. Untergrundbischöfe haben die Direktive planlos, ohne Untersuchung der Verhältnisse umgesetzt und ohne Unterweisung geheime Weihen von Bischöfen und Priestern vorgenommen. Die Bischöfe leiten die Priester nicht ordentlich an, sie besitzen dazu auch gar nicht die Mittel. Dies führt in einigen Untergrund-Diözesen zu chaotischen Verhältnissen. Gott sei Dank hat der Papst ihnen ihre Sonderrechte wieder genommen.

Sie haben erwähnt, dass die Katholiken mit großer Spannung auf das Schreiben des Heiligen Vaters an die Chinesen gewartet haben. Was waren die Erwartungen?
Zunächst einmal setzten wir große Hoffnungen in den Papst, die nicht im Geringsten enttäuscht wurden. Er ist sehr weise. Und er liebt die Kirche in China. Daher war ich sehr optimistisch. Allerdings stand die Forderung von Kardinal Zen aus Hongkong im Raum, der Papst müsse einige Punkte zur derzeitigen Situation in China erklären. Mein Wunsch sah anders aus. Meine Hoffnung war, dass der Papst die Acht-Punkte-Direktive zurücknimmt, was dann durch den Brief von Papst Benedikt 2007 mehr oder weniger auch geschah. Es ist wichtig, dass der Papst heute nicht von einer schismatischen Situation in China, sondern höchstens von einer Kirche mit zwei Fraktionen spricht. So ist es immer möglich, dass sich diese zwei Fraktionen wieder vereinigen.

Wann rechnen Sie persönlich mit einer Normalisierung der Beziehungen?
Das kann im nächsten Jahr geschehen, das kann in 20 Jahren passieren. Leider kann man das überhaupt nicht voraussagen. Die Regierung hatte natürlich vor den Olympischen Spielen 2008 in Peking und vor der Weltausstellung 2010 in Shanghai ein konkretes

Interesse an einer Normalisierung, da die Weltöffentlichkeit ganz besonders nach China geschaut hat. Allerdings wurden diese beiden großen Chancen leider nicht wirklich genutzt.

Anfang Mai 2008 haben das »China Philharmonic Orchestra« aus Peking und der »Shanghai Opera House Chorus« ein großes Konzert im Vatikan zu Ehren von Papst Benedikt XVI. gegeben. Ist das nicht ein schönes Anzeichen der Annäherung gewesen?
Das ist freilich ein gutes Zeichen. Ohne die Genehmigung der Regierung in Peking hätte dieses Konzert nicht stattgefunden. Es wäre schön, wenn die sogenannte Untergrundkirche dies auch erkennen würde. Sie existiert seit circa 50 Jahren und lebt seitdem von der Welt abgetrennt und ohne sich dessen bewusst zu sein, dass sich mittlerweile die Haltung der Regierung zur katholischen Kirche geändert hat. Dass sie auf Positionen beharrt, die mehr als 50 Jahre alt sind, ist engstirnig und kontraproduktiv. Von Herzen wünsche ich mir, dass sich in der sogenannten Untergrundkirche Verstand und Herz bald öffnen werden.

Papst Benedikt XVI. hat den 24. Mai zum Gebetstag für die Kirche in China festgelegt. Denn das ist der Patronatstag des Wallfahrtsortes Sheshan. Wie wird so ein Gebetstag in China aufgenommen?
Der Papst rief in seinem Brief 2007 die katholischen Gläubigen auf der ganzen Welt dazu auf, den 24. Mai als Patronatstag des Wallfahrtsortes Sheshan zum Gebetstag für die chinesische Kirche zu begehen. Dies zeigt, dass der Papst die chinesische Kirche liebt, und wir danken dem Papst dafür. Die Diözese Shanghai hat mehrere zehntausend Bilder mit dem Antlitz der Heiligen Mutter von Sheshan samt einem Gebetstext drucken und an alle Brüder und Schwestern im Glauben verteilen lassen und sie damit zur Wallfahrt nach Sheshan eingeladen. Im Mai 2008, also nach den Unruhen in Tibet und vor den Olympischen Spielen in Peking, hatte die Regierung verständlicherweise ein wachsames Auge auf große Menschenansammlungen. Für den 24. Mai 2008 haben die zuständigen

Behörden 200.000 Pilger erwartet. Sie ergriffen daher verschiedene Sicherheitsmaßnahmen bezüglich der Wallfahrt nach Sheshan, die dazu geführt haben, dass die Zahl der Wallfahrer etwas geringer ausgefallen ist als in den Jahren zuvor. Doch in den Monaten davor und danach gab es keine Abnahme der Zahl der Pilger. Dieses Jahr waren die Sicherheitsmaßnahmen wieder etwas lockerer, so dass es mehreren Tausend Pilgern möglich war, der Mutter Gottes ihre Ehre zu erweisen.

Am 1. Oktober 2000 hat Papst Johannes Paul II. 120 Märtyrer der chinesischen Kirche heiliggesprochen. Die chinesische Führung reagierte verärgert darauf, da es genau am chinesischen Nationalfeiertag geschah. Wie hätte man diese Heiligsprechung geschickter anstellen können? Welche Rolle spielen diese 120 Heiligen jetzt im Glaubensleben der Kirche?

Die Heiligsprechung vom 1. Oktober 2000 war eine unglückliche Angelegenheit, die zeigt, dass der Vatikan China nicht wirklich versteht, ebenso wenig wie die chinesische Regierung den Vatikan versteht. Im Jahre 1955 hatte Papst Pius XII. einige chinesische Glaubensbrüder und ausländische Missionare, die bei den Boxerunruhen den Märtyrertod gestorben sind, seliggesprochen. Die Volksrepublik China war damals gerade erst gegründet und nahm an diesem Vorgang in keiner Weise Anteil. Die Zeremonie im Petersdom leitete seinerzeit Bischof Leopold Brellinger SJ aus Österreich, der zuvor Bischof von Jingxian in der Provinz Hebei war. Er sagte damals vielen Menschen, dass dies der ehrenvollste Tag seines Lebens sei, den er niemals vergessen werde.

Die ursprüngliche Absicht im Jahr 2000 von Johannes Paul II., diese Märtyrer heiligzusprechen, war eine gute. Die Wahl für den Termin der Heiligsprechung fiel dann auf den 1. Oktober, weil dies der Gedenktag der heiligen Therese von Lisieux, der Schutzpatronin der Missionare, ist. Der Papst hielt dies daher für einen glücksverheißenden Tag. Was er nicht bedachte, war, dass der 1. Oktober der chinesische Nationalfeiertag ist. Der Papst hatte dies offensichtlich nicht im Blick. Seine Berater hätten ihn auf diese »Terminkollision« hinweisen müssen. In der Diplomatie kommt es auf die richtige Verständigung an. Wie dem auch sei – in China erkennen wir als Katholiken die Heiligsprechung an und verehren die neuen offiziellen Heiligen. Wir hoffen, dass sie im Himmel Gott dazu bewegen, dass er China Glück spendet.

Im Sommer 2007 wurde der neue Bischof von Peking geweiht. Und das sogar mit vorheriger Zustimmung des Papstes. Wie hat man es geschafft zu so einem harmonischen Ergebnis zu kommen?
Nach meinem Herzinfarkt im April 2004 habe ich keine Reisen mehr unternehmen können. Ich konnte nirgendwo hinfahren. Ich weiß nicht, was in Peking passierte, ich kenne den Pekinger Bischof nicht, wir pflegen auch keine Korrespondenz. Ich habe aus der Zeitung erfahren, dass er zum Bischof geweiht und vom Papst anerkannt worden ist. Ich freute mich für ihn, und ich hoffe, dass die chinesischen Bischöfe in Zukunft immer zuerst die Genehmigung des Heiligen Stuhls erhalten, bevor sie ihr Hirtenamt übernehmen.

Was ist 2010/2011 und damals bei der Weihe von Bischof Liu Xinhong 2006 anders gelaufen? Diese Weihen wurden ja ohne Zustimmung von Rom vorgenommen und alle, die daran beteiligt waren, wurden anschließend vom Vatikan exkommuniziert ...
Die unrechtmäßige Weihe des Bischofs von Anhui, Liu Xinhong, ist aus meiner Sicht bedauerlich für ihn. Er hätte zuerst die Genehmigung des Papstes einholen sollen. Er scheint damals von der Regierung unter Druck gesetzt worden zu sein. Da er zudem innerhalb der Diözese auf Widerstand stieß, war ihm vermutlich selber daran gelegen, die Weihe frühzeitig vorzunehmen, um Fakten zu schaffen. Nach seiner Weihe übte der Heilige Stuhl scharfe Kritik an ihm, doch gemäß der römischen Zeitung *Osservatore Romano* hat ihn der Papst nicht exkommuniziert.

Allerdings gab es in der Tat seit dem Hirtenbrief des Papstes 2007 vermehrt von Rom nicht akzeptierte Weihen, insgesamt drei in den

Jahren 2010 und 2011. Das ist natürlich ein Affront gegen den Papst und ein Problem für eine baldige Wiederherstellung der Einheit und die Evangelisierung Chinas. Diesen April 2012 wurde allerdings in der Provinz Sichuan Joseph Chen mit der Anerkennung des Vatikans und der Regierung zum Bischof geweiht. Das ist wieder ein Zeichen der Hoffnung.

Wie hat sich die Beziehung zwischen Rom und China vor der Gründung der Volksrepublik dargestellt? Gab es denn überhaupt schon einmal offizielle Beziehungen?

Papst Pius XI. schickte im Jahre 1922 einen Gesandten des Heiligen Stuhls namens Celso Costantini nach China. Dabei handelte es sich um eine überragende Persönlichkeit, jemanden mit einem großartigen visionären Blick. Er war es, der die erste Vollversammlung der Bischöfe zusammenrief und der dafür Sorge trug, dass der Papst die ersten chinesischen Bischöfe ernannte. Celso Costantini brachte diese Bischöfe nach Rom, wo der Papst sie 1926 persönlich weihte. Nach seiner Rückkehr nach China veröffentlichte Celso Costantini eine Erklärung, in der der berühmte Satz »La Cina ai Cinesis« stand, was so viel heißt wie »China den Chinesen«. Während des Zweiten Weltkriegs entsandte China einen Botschafter an den Heiligen Stuhl, damit begannen die offiziellen diplomatischen Beziehungen zwischen China und dem Vatikan. Der erste Botschafter war Xie Shoukang, ein Absolvent der Aurora-Universität, die in Shanghai von den Jesuiten betrieben wurde. Der zweite Botschafter war der bekannte Dr. Wu Jingxiong. Als die Kommunistische Partei Chinas 1949 die Macht ergriff, verblieb der Gesandte des Vatikans, Antonio Riberi, in Nanjing. Nachdem er 1951 von dort vertrieben und des Landes verwiesen wurde, blieb er zunächst in Hongkong. Später verlagerte man die Botschaft nach Taiwan. Damit ist der Heilige Stuhl der einzige Staat Europas, der diplomatische Beziehungen zu Taiwan unterhält. Ich hoffe, dass diese Botschaft möglichst bald auf das chinesische Festland zurückverlegt wird. Dabei sind natürlich die Beziehungen zwischen dem Heiligen

Stuhl und Taiwan auch ein Teil des Problems, allerdings nicht das größte.

Wie gestaltet sich der Austausch mit den katholischen Einrichtungen auf der Insel Taiwan? Auf welchen Gebieten gibt es hier Formen der Zusammenarbeit?
Das kann man ganz kurz und knapp sagen: Wir stehen mit der katholischen Kirche in Taiwan in keiner Verbindung. Es gibt keine offiziellen Kontakte. Das ist sehr bedauerlich.

Was sind die Fragen, die einer Einheit zurzeit vor allem im Weg stehen?
Da gibt es zwei große Fragen. Zum einen natürlich die Ernennung der Bischöfe. Es muss festgelegt werden, wer sie auswählt, vorschlägt und wer sie ernennt. Zum anderen ist die Struktur der Patriotischen Vereinigung ein Problem. Die Regierung hat die Patriotische Vereinigung nur gegründet, um damit die Kirche zu kontrollieren. Sie existiert als eine eigene Institution mit einer eigenen Struktur. Aber die Stärke und der Einfluss der Vereinigung sind von Diözese zu Diözese unterschiedlich. Hier in Shanghai kontrolliert die Patriotische Vereinigung gar nichts. Die Diözese besteht aus vielen sehr guten Katholiken und ich kann mich überhaupt nicht beklagen. Die Zusammenarbeit ist einfach wunderbar, in meinem Fall ist die Vereinigung sogar sehr gut. Aber beispielsweise in Peking haben wir einen sehr schwachen Bischof. Dort wiederum ist die Vereinigung sehr stark und kontrolliert die Kirche sehr wohl. Das hängt also immer vom Ortsbischof ab. Ist der Bischof stark, ist die Patriotische Vereinigung schwach. Ist aber der Bischof schwach, dann ist die Vereinigung stark. Jeder Bischof muss also kämpfen. Unter meinem Vorgänger Bischof Zhang Jiashu hatte die Patriotische Vereinigung die Finanz- und Personalhoheit im Bistum. Wenn Bischof Zhang also für ein Projekt eine Zuwendung geben oder jemanden einstellen wollte, musste er erst einen Antrag bei der Patriotischen Vereinigung stellen. Sobald ich Bischof wurde, änderte ich das sofort. Ich habe sowohl die Finanz- als auch die Personalentschei-

dungsbefugnis selbst in die Hand genommen. Selbstverständlich gibt es noch weitere Probleme zur Wiederherstellung der Einheit. Beispielsweise die Frage, zu welchen Themen sich Bischöfe zu Wort melden und öffentlich Stellung beziehen dürfen. Aber diese Frage müsste man auch nicht gleich zu Beginn klären. Das kann man auch noch später machen. Die Zukunft ist in Gottes Hand. Wenn man da an Indien, Pakistan oder an den Irak denkt, wo Christen umgebracht werden, dürfen wir uns nicht wegen solcher Dinge beunruhigen lassen.

Es gibt doch weltweit so viele verschiedene Modelle für die Ernennung von Bischöfen. Warum passt davon keines für China?
Man muss hier einen Kompromiss erzielen, beide Seiten, also der Vatikan ebenso wie die chinesische Regierung, müssen in dieser Frage Zugeständnisse machen. Wenn beide Seiten hier nicht aufeinander zugehen, wird es keine Lösung geben. Die Verhandlungen in dieser Frage sind derzeit sehr intensiv. Daher müssen wir für diesen Prozess sehr viel beten.

Berichten Sie uns etwas von Ihrer Bischofsweihe. Was war das für ein Tag, welche Bedeutung hatte er für Sie?
Zunächst wurde ich im Januar 1985 zum Weihbischof von Shanghai geweiht. Drei Jahre später, im Februar 1988, wurde ich dann Bischof von Shanghai. Der Vatikan wusste zwar davon, dass ich zum Bischof geweiht wurde, hat aber natürlich nicht zugestimmt, weil ich ja von der sogenannten Offiziellen Kirche war. Das wäre damals gar nicht möglich gewesen. Zu meiner Weihe habe ich meine großen Freunde Pater Laurence Murphy, den emeritierten Präsidenten der Seton Hall University aus den USA, und John Tong, den heutigen Bischof von Hongkong, eingeladen. Sie haben zwar nicht konzelebriert, aber sie waren anwesend. Das war schon ein wichtiges Zeichen. Sie hatten vorher mit Rom Rücksprache gehalten, ob sie zu meiner Weihe nach Shanghai reisen sollten. Und ich vermute, dass sie vom Vatikan die Empfehlung erhalten haben, an der Weihe teilzuneh-

men. Das war ein sehr positives Zeichen. Mein Wahlspruch ist ein Ausspruch von Johannes dem Täufer: »Illum oportet crescere me autem minui« – Christus muss wachsen, ich muss kleiner werden.

Letztlich gibt es in China drei Kategorien von Bischöfen: Die, die von der Regierung, aber nicht vom Heiligen Stuhl anerkannt sind und demnach kirchenrechtlich noch »illegal« sind, das ist mittlerweile die Minderheit. Dann sind da die Bischöfe, die von der Regierung bestimmt sind und geweiht wurden, aber später die Anerkennung Roms erhielten. Diese bilden heute die Mehrheit der Bischöfe. Und schließlich gibt es die jungen und erst kürzlich nominierten Bischöfe, die von der Regierung benannt wurden und vor ihrer Ordination die Zustimmung aus Rom erhielten.

Wie und von wem wurden Sie selbst zum Bischof geweiht?
Ich wurde natürlich auch ohne Genehmigung Roms zum Bischof geweiht, vom bereits verstorbenen Bischof Zong Huaide. Er wiederum war von Pi Shushi, dem Erzbischof von Shenyang, geweiht worden. Dieser wiederum war damals vom Nuntius geweiht worden. Damit stehe ich in der Sukzession, denn Erzbischof Pi Shushi war noch von Rom ernannt und vom Nuntius geweiht worden. Also war es eine Weihe, die zwar illegitim, aber wirksam vorgenommen wurde. So kompliziert ist eben China. Aber in der Zwischenzeit wurde ich ja nachträglich legitimiert *(lacht)*.

Papst Johannes Paul II. hat einmal gesagt, er habe in seinem Herzen – in pectore – einen Kardinal in China ernannt, hat aber nicht verraten, wer es sei. Können Sie sich vorstellen, wen er unter den chinesischen Bischöfen ohne dessen Wissen zum Kardinal ernannt haben könnte?
Papst Johannes Paul II. ernannte in seinem letzten Konsistorium noch einen Kardinal *in pectore*. Das war im Jahre 2003. Allerdings hat die Welt den Namen von diesem Kardinal nie erfahren, denn der Papst war ja 2005 verstorben, ohne dass der Name irgendwo festgehalten war. Ich halte es für ein Gerücht, dass dieser Kardinal ein Chinese gewesen sein soll und alle Mutmaßung dazu für reine

Spekulation. Ich kann mir nicht wirklich vorstellen, dass einer unserer Mitbrüder vom Papst *in pectore* zum Kardinal ernannt wurde.

Haben Sie Papst Benedikt XVI. einmal früher in Europa getroffen?
Leider bin ich ihm nie begegnet. Als ich in Rom promovierte habe, war er noch Student in Deutschland. Von den großen Menschen der neueren Kirchengeschichte traf ich nur Mutter Teresa. Das war eine sehr herzliche Begegnung im Oktober 1993 in Shanghai, wo sie ein Heim für behinderte Kinder eröffnete.

An was erinnern Sie sich besonders bei dem Besuch von Mutter Teresa?
1993 hat Deng Pufang, der Präsident des Behindertenverbandes und Sohn von Deng Xiaoping, Mutter Teresa nach China eingeladen. Sie sollte nach Peking kommen, um auch dort ihr Werk der Barmherzigkeit zu entfalten. Sie kam über Shanghai und natürlich besuchte sie dann auch mich. Ich lud sie nach Sheshan ins Priesterseminar ein. Auch begleitete ich sie zu einem Nonnenkloster, wo sie sich sehr herzlich mit den Nonnen unterhielt und einen großen Eindruck hinterließ. Doch plötzlich wurde ihre Einladung zurückgenommen. Sie musste sofort nach Indien zurückkehren und durfte auch nicht nach Peking fliegen. Warum weiß ich leider nicht.

Exzellenz, im Ausland wird viel darüber diskutiert, unter welchen Umständen der zunächst als designierter Nachfolger vorgesehene Weihbischof Joseph Xing Wenzhi hier in Shanghai zum Bischof geweiht wurde?
Das ist eine sehr spannende Geschichte. 2003 ist der Bischof der Untergrundkirche von Shanghai, Bischof Joseph Fan, zu mir gekommen. Er hatte einen Brief bei sich. Er war abgeschickt in Hongkong und stammte von Fernando Kardinal Filoni. Er war der Beauftragte für China-Angelegenheiten in der Diözese Hongkong. In diesem Brief wurde mitgeteilt, dass es für Bischof Fan und mich in Shanghai nur einen einzigen Nachfolger geben sollte. Wir hätten uns einvernehmlich auf einen Kandidaten zu verständigen. Dieser

Kandidat müsse dabei fünf Voraussetzungen mitbringen: Zunächst müsse es sich um einen guten Theologen handeln. Außerdem müsse er einen guten Leumund haben und ein tadelloses Verhalten an den Tag legen. Drittens müsse er vom Klerus von Shanghai angenommen werden. Er müsse also vor Ort *acceptabile* sein. Als vierte Bedingung wurde die *magna prudentia* formuliert, er müsse demnach äußerst klug und weise sein. Zuletzt müsse er mit mir als derzeitigem Bischof von Shanghai *cor unum* – man würde wohl sagen: ein Herz und eine Seele sein –, also es dürfe keine Meinungsunterschiede zwischen ihm und mir geben. Die Bedingungen waren somit klar formuliert.

Den ersten Vorschlag hat Bischof Fan gemacht. Er hat sich für einen chinesischen Priester namens Gu Guangzong ausgesprochen, der derzeit in den USA lebt. Er stammt zwar aus Shanghai, ist aber seit über 20 Jahren als Vikar in einer Pfarrei in den Vereinigten Staaten. Dies habe ich abgelehnt, denn nach 20 Jahren Abwesenheit kennt er die Diözese Shanghai nicht mehr. Und natürlich kennt ihn wiederum der Klerus von Shanghai nicht mehr.

Daraufhin habe ich meinen ersten Vorschlag gemacht: Weihbischof Joseph Xing Wenzhi aus der ostchinesischen Provinz Shangdong, der Heimat des Konfuzius, aus der Diözese Zhoucun. Er lebt aber schon seit 1983 in Shanghai. Allerdings hat hier Bischof Fan seine Ablehnung deutlich gemacht. Er hat seine Gegenposition aber nicht konkret begründet. Er hat nur erklärt, dass ein Bischof Xing die Untergrundkirche in Shanghai zerstören und vernichten werde. Daher müsse er sich als Untergrundbischof gegen ihn aussprechen. Also konnten wir zunächst keine Einigung erzielen.

Bischof Fan hat dann einige Zeit später einen gewissen Matthäus Lu vorgeschlagen. Lu Peiyuan, so ist sein chinesischer Name, wäre für mich akzeptabel gewesen, denn er kam aus Anting, einem kleinen Vorort von Shanghai. Damit waren wir schon einen Schritt weiter, doch war dieser Kandidat bereits damals über 80 Jahre alt. Das war natürlich auch nicht ideal. Daraufhin hat Bischof Fan den Priester Ma Daqin, mit dem etwas antiquierten europäischen Namen

Thaddäus, ins Spiel gebracht, der ja jetzt auch der neue Weihbischof werden soll. Insgesamt haben wir über zwei Monate überlegt und uns über die Kandidaten ausgetauscht – aber ohne konkrete Ergebnisse.

Zu der Zeit reiste ich mal wieder nach Deutschland, in Begleitung von Joseph Xing. Am Frankfurter Flughafen hatte ich mich mit Kardinal Crescenzio Sepe aus Rom verabredet. Er war damals Chef der päpstlichen Kongregation für die Evangelisierung der Völker. Das Ergebnis dieses Gesprächs war, dass ich wenig später meinen Wunschkandidaten zum Studium in die Vereinigten Staaten geschickt habe.

Kardinal Sepe hatte dann während des Aufenthalts von Joseph Xing in den USA einen italienischen Priester namens Politi nach New York geschickt. Joseph Xing lebte damals im Haus der Maryknoll-Fathers in New York. Leider sprach er damals wie heute kein allzu gutes Englisch. Und der Bote von Kardinal Sepe sprach nur Kantonesisch. Damit war schon einmal die Kommunikation nicht gerade einfach. Ausgeholfen hat damals ein Pater Lewis. Er übernahm die Übersetzung. Kardinal Sepe hat Joseph Xing damals fragen lassen, ob er es akzeptieren würde, wenn er zu meinem Nachfolger in Shanghai bestimmt würde. Seine Antwort war zunächst, dass diese Aufgabe wohl zu groß für ihn sei. Kardinal Sepe regte dann einfach an, diese Entscheidung durch Gebet herbeizuführen. So verharrten sie dann in New York zusammen zwei ganze Tage lang im Gebet. Danach sagte Joseph Xing zu, Bischof von Shanghai zu werden. Der Kontaktmann von Kardinal Sepe, Pater Politi rief dann noch am gleichen Tag vom Büro des Pater Lewis Kardinal Sepe an und informierte ihn über den Ausgang der Unterredung und des Gebetes. Kardinal Sepe war sehr zufrieden mit dem Ergebnis. Dann blieb Joseph Xing noch in den USA. Denn ich wollte, dass er zumindest gutes Englisch sprechen konnte. Und eine Sprache kann man ja im Land selbst am besten erlernen.

2004 wurde ich dann schwer krank. Beinahe wäre ich gestorben. Also hat die Diözese Shanghai Joseph Xing damals aus den USA zurückgerufen. In der Zwischenzeit schickte Kardinal Sepe einen chinesischen Salesianerpater, der in der Evangelisierungskongregation des Vatikans arbeitete, nach Shanghai. Er führte Einzelgespräche mit Bischof Fan von der Untergrundkirche und mit mir. Erst danach wurde von Kardinal Sepe und damit natürlich von Rom Joseph Xing als mein Weihbischof bestätigt. Kardinal Sepe schrieb mir, dass er mit dem Papst über die Situation in Shanghai gesprochen habe. Der Papst höchstpersönlich ernenne Joseph Xing zum Weihbischof. Damit war für mich klar, dass die Weihe den Segen des Heiligen Vaters hatte und dass Joseph Xing somit von Rom ernannt war.

Damit konnte ich den Kandidaten durchsetzen, den ich bereits in meinem ersten Gespräch mit Bischof Fan vorgeschlagen hatte. Bischof Fan hat der Weihe von Joseph Xing nie zugestimmt. Den wahren Grund dafür kenne ich bis heute nicht.

Joseph Xing ist Ende 2011 bedauerlicherweise aus persönlichen Gründen zurückgetreten. Ich bin darüber sehr traurig. Aber ich hoffe, dass der neue Weihbischof Ma Daqin, der im Juni 2012 geweiht wird und die Zustimmung des Vatikans, der Regierung, der sogenannten Untergrundkirche und mir hat, ein guter Bischof für Shanghai sein wird.

Was haben Sie aufgrund des Schreibens von Kardinal Sepe zur Ernennung von Joseph Xing zum Bischof unternommen? Immerhin war der Brief ja eine direkte Reaktion auf ein Gespräch Kardinal Sepes mit dem Papst.
In dem Schreiben erklärte Kardinal Sepe, ich müsse sofort und so schnell wie möglich die Weihe vornehmen. Da wurde wieder einmal klar, dass man in Rom die Situation in Shanghai nicht richtig einschätzt. Zunächst hatte ich natürlich die Meinung des Klerus unserer Diözese einzuholen. Zusätzlich hatte ich die Genehmigung der Regierung für die Weihe einzuholen. Ich konnte Joseph Xing ja nicht einfach so ohne Absprache weihen. Das wäre sehr kontraproduktiv gewesen. Insgesamt habe ich die Weihe ziemlich genau acht Monate lang vorbereitet.

Außerdem wollte ich, dass eine echte Wahl stattfindet. Ich weiß, dass man solch ein Verfahren in der westlichen Welt nicht kennt, aber ich habe es trotzdem gemacht. Denn ich denke, dass die Wahl eines Bischofs eine viel größere Legitimation der Person bewirkt. Also berief ich eine Versammlung ein. Ich lud alle Priester der Diözese, die Schwestern und Vertreter der katholischen Laien zu einer Konferenz ein. Dort verkündete ich, dass wir einen neuen Weihbischof für Shanghai wählen müssen. Ich schlug Joseph Xing vor, allerdings habe ich erklärt, dass jeder der Versammelten auch einen eigenen Kandidaten vorschlagen dürfe. Das Ergebnis war sehr eindeutig. Joseph Xing erhielt 85 % der abgegebenen Stimmen, 5 % stimmten gegen ihn und 10 % der abgegebenen Stimmen waren ungültig, also entweder Enthaltungen oder auf den Zetteln war ein falscher Name vermerkt. Dann präsentierte ich den Kandidaten der Regierung. Zunächst stimmte das Büro für religiöse Angelegenheiten von Shanghai der Weihe von Joseph Xing zu. Dann musste ich noch die Zustimmung von Peking einholen. Auch hier war man mit der Weihe einverstanden.

Das war alles in allem ein sehr langer Prozess, aber so ist das nun einmal in einem so großen Land wie China. Im Juni 2005 am Fest von Peter und Paul konnte ich dann Joseph Xing zu meinem Weihbischof weihen.

Die Weihe des neuen Weihbischofs Ma wurde nicht so lange vorbereitet, sie erfolgt knapp ein halbes Jahr nach dem Rücktritt von Weihbischof Xing. Ich hoffe, dass wir hier nichts überstürzen, auch wenn wir die Zustimmung von allen Seiten haben.

Ist das ein Verfahren, auf das man sich für die Ernennung von Bischöfen in der Volksrepublik China aus Ihrer Sicht einigen könnte? Ist es vorstellbar, dass sich Rom auf eine Wahl des Bischofs durch Klerus, Schwestern und Laienvertretern einlässt? Und könnte sich Peking darauf verständigen, dass das Erstvorschlagsrecht beim Vatikan liegt?
Ich hoffe das sehr. Das wäre ein möglicher *modus vivendi*. Wichtig ist vor allem weise vorzugehen. Vielleicht kann man auch erst eine

Wahl in der Diözese durchführen, dann die Zustimmung des Vatikans einholen und schließlich die Regierung um ihr Einverständnis bitten. Aber diese Fragen überlasse ich lieber den Gesprächen, die zwischen dem Heiligen Stuhl und Peking im Moment wieder sehr intensiv geführt werden.

Aber – wie ich bereits gesagt habe – es ist sehr wichtig, weise und klug zu sein. Sehen Sie nur das Beispiel von Bischof Antonius Li in der Diözese Xi'an. Rom hatte ihm ebenfalls aufgetragen, einen jungen Priester in seiner Diözese zum Bischof zu weihen. Es handelte sich dabei um Priester Wu Qinjing. Er sollte auch Weihbischof werden, also ein ähnlicher Fall, wie wir ihn hier in Shanghai hatten. Alles sollte ohne Genehmigung durch die Behörden und ohne Wahl durch den Klerus erfolgen. Bischof Antonius folgte damals der Direktive aus dem Vatikan und hat die Weihe im Geheimen vorgenommen. Da kann man nur sagen: sehr schade. Denn sowohl die Regierungsbehörden als auch der Klerus der Diözese waren mit der Weihe überhaupt nicht einverstanden. Somit hatte man in Xi'an die Situation geschaffen, dass ein Teil des Klerus den geweihten Bischof nicht anerkannt hat, auf der anderen Seite war die Regierung verständlicherweise außer sich. Das Ergebnis, das wir jetzt haben, nützt keinem: Weihbischof Wu steht bis heute unter Hausarrest. Bischof Antonius Li legte hier einen zu schnellen Gehorsam an den Tag. Man muss leider sagen: Rom kennt die Umstände, die wir hier in China haben, einfach nicht. Wenn ich die Weihe von Joseph Xing zum Weihbischof von Shanghai auch in der Eile vorgenommen hätte, wie sie Rom von mir gefordert hat, stünde er heute sicher auch unter Hausarrest. So konnte er dagegen ganz frei das Evangelium verkünden. So funktioniert das eben. Sie sehen, man darf also nicht blind gehorsam sein. In China braucht man zunächst *patientia*, also Geduld, dann braucht man *constantia*, sagen wir Beständigkeit oder Durchhaltevermögen, und zuletzt Takt. Nur so kann man seine Ziele erreichen.

Gibt es in China eine Bischofskonferenz so wie wir sie aus anderen Ländern kennen?

Ja, natürlich haben wir in China auch eine Bischofskonferenz. Wir haben sogar nicht nur eine, sondern gleich zwei. Eine ist die Konferenz der Untergrundbischöfe, die andere ist die sogenannte »Offizielle Bischofskonferenz«. Das Paradoxon ist, dass beide von Rom nicht anerkannt sind. Die Bischofskonferenz der Untergrundkirche hat in Rom um Anerkennung gebeten. Diese wurde abgelehnt. Die sogenannte »Offizielle Bischofskonferenz« unterhält ja gar keine offiziellen Beziehungen mit Rom und ist daher sowieso nicht anerkannt. Ich hoffe, dass es sehr bald eine Bischofskonferenz geben wird, die wirklich die ganze Kirche in China repräsentieren kann.

Wie funktioniert dann die Arbeit in den Bischofskonferenzen?

Ich kann hier nur für die sogenannte Offizielle Kirche sprechen. Alle chinesischen Bischöfe der Obergrundkirche sind offiziell Mitglied. Bis vor wenigen Jahren war die Situation der Chinesischen Bischofskonferenz sehr kurios: Damals handelte es sich dabei eigentlich nur um einen Begriff. Tatsächlich setzte die Chinesische Bischofskonferenz überhaupt nichts um. Es gab nur alle fünf Jahre eine gemeinsame Tagung. Man konnte sagen, dass die gesamte kirchliche Macht in der Hand von Liu Bainian, dem damaligen Vizepräsidenten der Patriotischen Katholischen Vereinigung in Peking lag. Die Situation war zu dieser Zeit nicht sehr einfach. Der Vorsitzende der Bischofskonferenz war damals bereits verstorben, so wie auch der geschäftsführende Präsident der Konferenz. Der Vorsitzende der Patriotischen Katholischen Vereinigung war ebenfalls nicht mehr am Leben. Das heißt, dass die katholische Kirche in China keinen Kopf mehr hatte. Also lag die gesamte Macht in der Hand von Herrn Liu Bainian.

Er leitete als Laie bis 2010 fast die gesamten kirchlichen Angelegenheiten in China. Man sagte damals, er sei der Papst von China. Umso wichtiger war der Kontakt der einzelnen Bischöfe untereinander. So kamen sehr viele Amtsbrüder einzeln zu mir, um über verschiedenste Dinge zu sprechen. Auch Bischöfe der Untergrund-kirche. Sie wollten alle mehr über die Diözese Shanghai erfahren, wollten sehen, wie wir arbeiten und wirken. Aber natürlich fragten sie auch nach *stipendia missarum* oder sie brauchten Bücher, die wir dank unserer Druckerei und den Verlagen herausgeben. Viele Bü-cher verteile ich kostenlos im ganzen Land. In den letzten 20 Jah-ren habe ich über 400 Bücher herausgegeben. Zusätzlich geben wir sechs Zeitschriften heraus. Vor allem die Nachfrage nach der Heiligen Schrift und nach Messbüchern ist sehr groß. Denn viele Bischöfe und Diözesen verfügen kaum über finanzielle Mittel und sind sehr arm. Über 20 Bischöfe senden mir auch ihre Seminaris-ten zur Ausbildung in mein Priesterseminar, denn viele Diözesen können nicht einmal ein eigenes Seminar unterhalten. Wir unter-stützen also in finanzieller Hinsicht, aber auch mit Bildung, die wir allen zur Verfügung stellen, die darum anfragen. Wie schon gesagt, früher erhielt ich sehr große Unterstützung von Missio Aachen, Missio München und Kirche in Not. Kardinal Wetter von München hat mir ganz persönlich viel geholfen. Ebenso das Bistum von Rot-tenburg-Stuttgart.

Noch einmal kurz zurück zu der Wahl von Bischof Joseph Xing, die Sie in Shanghai vor seiner Weihe durchgeführt haben. Wessen Idee war diese Wahl und wie wurde sie genau organisiert?
Das war natürlich meine Idee. Seit über 50 Jahren ist unser Slogan in der sogenannten Offiziellen Kirche: »Selbst auswählen, selbst weihen!« An diese Regeln habe ich mich auch zu halten. Also hat-ten wir trotz der Ernennung durch den Papst unseren Bischof selbst auszuwählen und selbst zu weihen. Wir hielten uns ganz an die Re-gelungen der Regierung und setzten trotzdem die Ernennung des Papstes um.

Bei der Wahl hatte jeder Priester der Diözese eine Stimme. Insge-samt waren es ungefähr 70. Ich hätte sowieso alle Priester der Diö-zese befragen müssen. Frauen sind den Männern für mich absolut gleichberechtigt, also habe ich beschlossen, auch alle Schwestern mit ewigen Gelübden in die Abstimmung einzubeziehen. Außerdem haben wir die Epoche der Laien, also lud ich 20 Laienvertreter aus meiner Diözese zu der Wahl ein, darunter die Vertreter der Patriotischen Katholischen Vereinigung in Shanghai und die Vertreter der CIAS (Catholic Intelligence Agency Shanghai). Von der Untergrundkirche nahm an der Wahl niemand teil. Leider wehrte sich Bischof Joseph Fan ja bis zum Schluss gegen Bischof Joseph Xing.

Warum hatte Bischof Fan so große Angst vor dem Priester Joseph Xing? Warum lehnte er ihn so vehement als Ihren Weihbischof und Nachfolger als Bischof von Shanghai ab?
Bischof Fan hat immer erklärt, dass die Untergrundkirche unter einem Bischof Xing als Bischof von Shanghai nicht weiterexistieren wird. Warum, das hat er nie gesagt. Dabei muss man schon auch sagen, dass Bischof Fan ein etwas komischer Zeitgenosse ist. Als er zum letzten Mal zu mir kam, hat er kein Wasser getrunken, das ich ihm angeboten habe. Er hat beim Abendessen mit mir nichts, aber auch gar nichts gegessen. Wissen Sie warum? Er sagte mir, er wisse, dass ich ihn vergiften wolle. Er hatte die feste Vorstellung, die sogenannte Offizielle Kirche werde ihn aus dem Weg räumen, daher würde ich ihn beim Essen vergiften. Natürlich stimmt davon überhaupt nichts, aber so ist er eben. Zudem hat er jetzt leider Alzheimer und hat sein Gedächtnis verloren. Das ist natürlich sehr, sehr bedauerlich.

Unter den neuen Kardinälen, die Papst Benedikt XVI. im Februar 2012 ausgewählt hat, war auch der Erzbischof von Hongkong, John Tong. War dies diplomatisch problematisch?
John Tongs Ernennung zum Kardinal war eine gute Nachricht. Er ist mein Freund seit über 20 Jahren. Die Absicht des Papstes war keine diplomatische, sondern eine seelsorgerische. Der Papst hofft, dass die Diözese in Hongkong eine Brücke zwischen der Kirche auf dem Festland und der Weltkirche werden könnte. Ich teile diese Erwartung.

Woran liegt es, dass sich Rom mit der Einschätzung der Situation in China oft so schwer tut?

Noch im Juni 2007 gab es in Rom ein wichtiges Treffen der Kurie, um die Situation in China zu diskutieren. Es waren nur der Kardinalsekretär Bertone, der Präfekt der Evangelisierungskongregation, Bischof Zen von Hongkong, Bischof Paul Shan von Taiwan und Bischof José Lai Hung-seng anwesend. Aber es war kein einziger Vertreter aus Festlandchina mit dabei. Auch die Experten, die die Situation in China kennen, wie zum Beispiel Pater Malek aus Deutschland, Pater Charbonnier aus Frankreich, Pater Heyndrickx aus Belgien oder Pater Politi aus Italien waren nicht eingeladen. Die chinesische Situation ist im Moment sehr kompliziert. Dem müsste man entsprechend Rechnung tragen.

Exzellenz, können Sie uns erzählen, wie das Verhältnis zwischen Kirche und chinesischem Staat in der »alten Zeit« gewesen ist? Wie hat es sich im Laufe der Geschichte entwickelt? Wann kamen die ersten Missionare nach China?

Das ist wirklich eine sehr lange Geschichte. Die ersten Missionare kamen schon in der Tang-Dynastie nach China, also zu einer Zeit, in der das chinesische Kaiserreich sehr weltoffen war und zu vielen Ländern Handelsbeziehungen unterhielt. Das war ungefähr im 7. Jahrhundert. Das waren Vertreter des Nestorianismus, also der ostsyrischen Kirche. Sie kamen aus Persien, dem heutigen Gebiet des Iran entlang der Seidenstraße. Sie wurden damals sehr herzlich aufgenommen in unserem Land. Viele Kirchen wurden damals für diese Missionare gebaut. Sie waren ungefähr 200 Jahre in China und wurden sehr gut behandelt. Dann aber setzte eine Christenverfolgung durch den Kaiser ein und alle wurden umgebracht oder haben das Land fluchtartig verlassen. Man wollte zu diesem Zeitpunkt keine Religionen mehr im Land haben. Religionen galten als verdächtig. Der Konfuzianismus setzte Religion mit Aberglauben gleich. Das Kaiserreich sollte im konfuzianischen Denken ein einheitlicher Körper, eine patriarchalisch organisierte Familie sein, die nicht durch fremde Religionen durcheinander gebracht werden sollte. Auch der Buddhismus wurde zu der Zeit stark in Bedrängnis gebracht.

In der Stadt Xi'an wurde bereits im 17. Jahrhundert ein Denkmal ausgegraben, das aus dem Jahr 781 stammt. Ein christlicher Mönch aus der Zeit namens Jingjing hatte darauf einen eingravierten Text hinterlassen. In diesem ist von »Jingjiao« die Rede. So wurde das nestorianische Christentum damals bezeichnet – als »Religion des Lichts«. Das Monument heißt heute »Jingjiaobei«, also »Stele der leuchtenden Religion«. Sie ist wirklich einen Besuch wert. Im ersten Absatz schreibt Jingjing von einem Sohn einer Jungfrau, der sich der ungehorsamen Menschheit angenommen hat. Er beschreibt das Leben und Wirken Jesu, aber auch das seiner Jünger und der späteren Jünger in China. Im zweiten Absatz steht, dass im Jahr 635, also in der Tang-Dynastie, ein Priester namens Alopen von »Da Qin« (man nimmt an in Syrien) nach Chang'an gekommen ist, der damaligen Hauptstadt, und den Kaiser Taizong getroffen haben soll. Der Kaiser habe die christlichen Schriften übersetzen lassen und dann im Jahr 638 ein Edikt herausgegeben, das die Verbreitung dieser Religion in China guthieß. So wurden, laut der Stelen-Aufschrift, in der Hauptstadt und in vielen weiteren Städten Klöster gebaut und die christlichen Mönche sollen den Armen und Kranken geholfen haben. Dafür sollen sie vom Kaiser persönlich unterstützt worden sein. Am Ende steht ein Loblied und das Datum der Enthüllung der Stele: der 4. Februar 781. Darunter finden sich 70 Namen von christlichen Geistlichen, sowohl auf Aramäisch, also Altsyrisch als auch auf Chinesisch.

Der Nestorianismus war damals noch wirkliches Christentum. Es handelte sich nicht um den späten Nestorianismus, der dann eine Häresie war, sondern eben um den richtigen Glauben. Sie gehörten zu assyrischen Kirche.

Das nächste Mal kamen Missionare in der Yuan-Dynastie, also in der Zeit von 1279 bis 1368. Einer der Söhne des Zuanjishan, des Mongolen-Kaisers, der in Europa unter dem Namen Dschingis

Khan bekannt ist und bis nach Ungarn mit seinem Reitervolk vorgedrungen war, war mit einer nestorianischen Christin verheiratet. Er hieß Tolui Khan, auf Chinesisch Tuolei. Auch dessen Sohn Kublai Khan heiratete eine christliche Prinzessin. Und dieser bat den Papst in Rom um hundert gelehrte und christusgläubige Männer als Missionare, die nach China entsandt werden sollten. Rom hat der Bitte von Kublai Khan entsprochen und Franziskaner nach China entsandt. 1307 gründete der Franziskaner Johannes von Montecorvino die Erzdiözese Peking. Allein durch seine Missionsarbeit ließen sich 30.000 Menschen taufen. Das war die Mission in der Yuan-Dynastie. Es ist schon ein bisschen schade, dass die christliche Mission vor allem unter den Mongolen-Kaisern in China stattgefunden hat und nicht unter den Kaisern aus dem Han-Volk, dem eigentlich chinesischen Hauptstamm. Dementsprechend wurden vor allem nur Teile der mongolischen Bevölkerung christlich, die Han-Bevölkerung wiederum nicht. Da die Mongolen aber als Besatzer in China waren, bildeten sich natürlich auch Ressentiments gegen die christlichen Mongolen. Als dann die Führer des Han-Volkes einen Aufstand gegen die Mongolen organisiert und die Mongolen wieder aus dem Land vertrieben haben, verschwand auch das gesamte Christentum aus dem Land. Das war zu Beginn der Ming-Dynastie, die dem Han-Volk entstammte, also Mitte des 14. Jahrhunderts.

Die dritte China-Mission begann im 16. Jahrhundert mit Matteo Ricci und den Jesuiten. Er reiste zunächst von Lissabon nach Goa, dann nach Macao und schließlich nach China. Er ist einer der bekanntesten Missionare Chinas, wenn nicht sogar der berühmteste.

Was war Matteo Ricci für eine Person, wie kann man ihn heute noch beschreiben?
Zunächst war er ein Jesuit, ein Priester. Er war ein Missionar. Zusätzlich war er ein Wissenschaftler. Er kam nach China und hat vor allem die chinesische Kultur genau untersucht. Dabei kam er – im Gegensatz zu vielen anderen Ausländern – zu dem Ergebnis, dass es sich in China um eine wirkliche Hochkultur handle. Zuerst wollte

er über den Buddhismus die Evangelisation in China vorantreiben. Allerdings erkannte er, dass der Buddhismus in vielen Punkten mit dem Christentum nicht in Einklang zu bringen ist. So kennt der Buddhismus keinen Dialog mit Gott, weder am Anfang der Schöpfung noch im Himmel nach dem Tod, noch in diesem Leben. Ein Mensch, der Gott sucht, wird also über den Buddhismus keine Antwort finden. Das buddhistische Ziel, das Nirvana, ist das Sich-Auflösen in eine ewige Ruhe, nicht aber das Finden eines persönlichen Gottes, wie es das Christentum verheißt. Und im christlichen Verständnis ist für den Menschen die Gottsuche ja das wesentliche Grundmotiv auf dem Weg mit und zu Gott, zu Jesus Christus. Deswegen beschäftigte sich Matteo Ricci daraufhin intensiv mit dem Konfuzianismus, las alle klassischen Werke von Konfuzius und studierte die chinesische Sprache. Dann entschied er sich dafür, mit Hilfe des Konfuzianismus die Evangelisierung in China voranzubringen. Er wurde also nach damaligem westlichem Verständnis aus Liebe zu Christus ein Barbar. Nach unserem Verständnis wurde er durch seine chinesische Kultivierung ein großer Gelehrter.

Damals war es nicht sehr leicht, als Ausländer in unserem Land zu missionieren. Die Ming-Kaiser hatten Ausländern gegenüber große Vorbehalte. Aber Matteo Ricci kam bis nach Peking, sogar bis zum Kaiserpalast. Es wurde ihm Zutritt gewährt und der Kaiser erteilte ihm und seinen Missionaren die Erlaubnis, in China das Evangelium zu verkünden.

Zusätzlich war er ein großer Wissenschaftler. Er erlangte den Ruf eines weisen Mannes im Volk und pflegte enge Freundschaften mit hochrangigen Gelehrten und Beamten. Er brachte die moderne Astronomie, Mathematik, Geometrie und Geographie nach China. Mit einem seiner bekanntesten Schüler, Xu Guangqi, sein europäischer Name war Paulus Xu, übersetzte er zusammen die Geometrie des Euklid ins Chinesische. Die von ihm betriebene moderne Wissenschaft ermöglichte ihm letztlich den Eintritt nach Peking und den Zutritt zum Kaiserhof. Die Gelehrten in China haben sich auch aus diesem Grund für das Christentum interessiert und viele sind übergetreten. Sein großer Erfolg lag darin, dass seine Methode der Inkulturation des Christentums über die Lehre von Konfuzius ging, denn er hatte erkannt, dass jeder Gelehrte in China mit dem Konfuzianismus bestens vertraut war und dies somit der Schlüssel zu höherer Erkenntnis war. Damit war er sehr erfolgreich.

Matteo Ricci (利瑪竇) und die Jesuiten

Matteo Ricci (1552–1610), in China bekannt unter dem Namen Li Madou war ein italienischer Priester, der dem Jesuitenorden angehörte. Heute wird er als einer der wichtigsten Missionare Chinas angesehen, da er die Grundlagen dafür schuf, dass vor allem jesuitische Priester für lange Zeit von nicht geringem Einfluss am Pekinger Kaiserhof und innerhalb der hohen Beamtenschaft waren. Sein Ansehen in China gewann Matteo Ricci nicht zuletzt auch durch seine wissenschaftlichen und technischen Fähigkeiten.

Matteo Ricci wurde 1582 als Assistent von Michele Ruggieri nach China geschickt, um die Konvertierung des Kaisers zu erreichen. Als ihm die Einreise in die Hauptstadt Peking verboten wurde, setzte er sich in Macao intensiv mit der chinesischen Sprache und Schrift sowie der Kultur auseinander. Dann ließ er sich in Zhaoqing nieder, wo er eine christliche Kirche erbauen ließ. Er nahm die chinesischen Bräuche an und trug die Kleidung der buddhistischen Mönche. Er erarbeitete ein portugiesisch-chinesisches Glossar. Damit wurde erstmals das Chinesische in eine europäische Sprache übersetzt. Bereits zu Beginn seiner Missionszeit fand Matteo Ricci großen Zuspruch bei den Chinesen, da er die erste Weltkarte erstellte, auf der China in der Mitte der Welt lag, und auf diese Weise den Vorstellungen der Chinesen als Mittereich besonders entgegen kam.

Im Jahre 1588 wurde Matteo Ricci Leiter der Mission. Es gelang ihm mit hochrangigen Konfuzianern Freundschaft zu schließen. Mit ihrer Hilfe übersetzte er im Jahr 1591 Kommentare von Christopher Clavius, der Riccis mathematischer Lehrer war, ins Chinesische. Dadurch gewann Ricci bei den Chinesen großes Ansehen als Mathe-

142

matiker, denn er war es, der es den Chinesen ermöglichte, von den westlichen Entwicklungen in der Mathematik zu profitieren.

Ricci verfasste theologische und philosophische Schriften auf Chinesisch. Sein missionarisches Hauptwerk »Die wahre Lehre vom Herrn des Himmels« schrieb er im Jahr 1594. Dieses Werk hatte nicht nur Einfluss auf die Missionsgeschichte, sondern prägte auch den geistigen Austausch zwischen dem Abendland und Ostasien. Sein erfolgreichstes Buch »Über die Freundschaft« erschien 1595. Es gilt als eines der meistgelesenen westlichen Bücher während der späten Ming-Zeit.

Seit 1597 arbeitete Ricci als Oberer der China-Misson. Er beschäftigte sich dabei mit astronomischen, mathematischen und geographischen Aufgaben. Mit seinen Kenntnissen übertraf er die chinesischen Wissenschaftler. Deshalb bestellte der Kaiser Wanli Matteo Ricci 1601 an den Pekinger Hof, um von den technischen Fähigkeiten Riccis zu profitieren. Ricci lebte in der Nähe des Palastes und übersetzte mit Hilfe chinesischer Freunde zahlreiche Texte ins Chinesische. Er starb in Peking mit 57 Jahren. Dass er in der Hauptstadt begraben ist, ist im damaligen China eine außergewöhnliche Ehre, die ihm der Kaiser erwies. Seine in Italienisch verfassten China-Berichte prägten lange das westliche Verständnis über China.

Wie kann man sich die Inkulturation über den Konfuzianismus konkret vorstellen?

Wir haben zum Beispiel in der konfuzianischen Tradition eine große Verehrung unserer Ahnen. Unsere Vorfahren sind uns sehr wichtig. Matteo Ricci ließ zu, dass wir diese Tradition und die entsprechenden Zeremonien fortsetzen. Er ordnete sie in die Theologie des Totengedenkens, die wir auch im katholischen Glauben kennen, ein.

Aber bedauerlicherweise kamen nicht nur Jesuiten als Missionare nach China, sondern auch Dominikaner und Franziskaner. Sie konnten mit der Inkulturation in China nichts anfangen. Sie erklärten, es sei das einzig Richtige und Notwendige, Christus zu predigen. Es lag ihnen völlig fern, sich mit der chinesischen Kultur auseinanderzusetzen. Die Inkulturation des Glaubens und der Weg über den Konfuzianismus erschienen ihnen unmöglich. Es gab dementsprechend einen großen Streit unter den Missionaren, den sogenannten Ritenstreit. Das war zur Zeit von Kaiser Kangxi, der von 1654 bis 1722 lebte. Er war den Missionaren gegenüber anfangs sehr großzügig. So konnten sie sich frei entfalten und auch Meinungsverschiedenheiten untereinander austragen. Die Dominikaner nutzten dies, um eine Unmenge von Briefen nach Rom zu schicken und die Jesuiten beim Papst zu denunzieren. Der Papst schickte dann einen Delegaten nach China. Dieser wurde sogar von Kaiser Kangxi empfangen. In diesem Gespräch erklärte der Kaiser dem Entsandten, dass es sich bei der Zeremonie der Ahnenverehrung um eine zivile traditionelle Zeremonie handelte, nicht um eine religiöse Kulthandlung. Der Kaiser stellte sich also auf die Seite der Jesuiten. Trotzdem erließ der Gesandte ein Dekret, in dem es allen Katholiken verboten wurde, Konfuzius zu respektieren und die Zeremonie der Ahnenverehrung vorzunehmen. Der Kaiser war daraufhin sehr ungehalten und wütend. Ihm waren der Konfuzianismus und die Ahnenverehrung in seinem Land sehr wichtig. Und auf einmal wurde einfach von einem Entsandten des Papstes allen Katholiken verboten, alte chinesische Traditionen zu pflegen, die vom Kaiser höchstpersönlich als zivile Handlungen eingestuft wurden. Sie können sich vorstellen, wie erbost er darüber war. Dieses Vorgehen wurde als tiefe Einmischung in urchinesische Angelegenheiten angesehen.

Das Ergebnis lag auf der Hand: Alle Missionare wurden vertrieben, das Christentum wurde verboten, Konvertiten verfolgt. Die gesamte Aufbauarbeit, die von Matteo Ricci und seinen Gefährten, Schülern und Anhängern mühsam geleistet worden war, wurde durch dieses Dekret zunichtegemacht. Nur einige wenige Missionare, die direkt am Kaiserhof arbeiteten, als Astronomen, als Maler oder als Berater, durften bleiben. Alle anderen wurden vertrieben oder inhaftiert. Das kirchliche Leben verschwand weitgehend in den Untergrund. Mehr möchte ich dazu nicht sagen. Doch eigentlich ist das ein Kapitel der chinesischen Kirchengeschichte, das man sehr genau untersuchen müsste. Schon 1986 ging ich in einem Vortrag, den ich in Deutschland gehalten hatte, sehr detailliert auf die Frage des Ritenstreits ein. Dabei sagte ich auch ganz offen meine Meinung. Der Vatikan reagierte darauf sehr empört. Die Folge war, dass von Rom ein Brief an die französischen Bischöfe geschickt wurde, in dem diese aufgefordert wurden, ein Auge auf mich zu werfen. Ich sollte keine öffentlichen Reden mehr halten und auch keine Fernsehinterviews mehr geben. Es war natürlich sehr enttäuschend, dass man so auf die Rede eines chinesischen Bischofs reagierte, der auch einmal auf die Fehler Roms in der Kirchengeschichte hinwies.

Was ist im Rahmen der Christenverfolgung nach dem Ritenstreit mit den chinesischen Katholiken passiert?
Alle damaligen 300.000 Katholiken wurden letztlich von Rom vor die Alternative gestellt, entweder das römische Verbot anzuerkennen oder vom Glauben abzulassen. Wenn sie sich dafür entschieden, katholisch zu bleiben und dem Papst zu folgen, wurde ihnen vom Kaiser verboten, Bildungseinrichtungen zu besuchen. Der Kaiser reagierte also sehr radikal. Denn jeder Schüler und jeder Student hatte die Lehre des Konfuzius zu befolgen und seine Ahnen zu verehren. Daher wurden die verbliebenen Katholiken einfach aufs Land geschickt und mussten als Bauern, Hilfskräfte und ungelernte Arbeiter ihr Brot verdienen. Aber eines war noch viel schlimmer. Sie wurden von allen anderen Chinesen als Fremde, als Ausländer angesehen und behandelt. Denn wer in China seine Ahnen nicht verehrte, galt als jemand, der gar keine Eltern oder Großeltern in China hatte, also ein wirklich Fremder war. Es war daher fast unmöglich, gleichzeitig Chinese und Katholik zu bleiben. Entweder wurde man wieder ein Chinese, komplett ohne katholischen Glauben, oder man blieb katholisch und war somit vollständig aus der chinesischen Gesellschaft ausgeschlossen. Das war eine sehr schwierige Zeit. Nachdem es erst hunderttausende Taufen und Bekehrungen gab, war die Zahl

der Katholiken ganz rapide wieder verschwindend klein. Die Intervention von Rom kann man also, diplomatisch formuliert, nur als äußerst unglücklich bezeichnen. Gott sei Dank hat Papst Pius XII. 1939 das Verbot der Ahnenverehrung für Christen aufgehoben.

Der Ritenstreit

Der Erfolg der Jesuiten und ihr Ansehen am chinesischen Kaiserhof führten im Verlaufe des 17. Jahrhunderts dazu, dass auch andere christliche Orden sich darum bemühten, in China Fuß zu fassen und missionarisch zu wirken. Es ist aus dieser zwangsläufig unter den Orden entstandenen Konkurrenz heraus zu erklären, dass Dissens über den »richtigen« Weg der Missionierung in China aufkommen musste. Der Erfolg der Arbeit durch die Jesuiten – der noch 1692 durch ein Toleranzedikt des Kangxi-Kaisers zum Ausdruck kam und Hoffnung auf eine Stärkung des Christentums in China schürte – ist dabei sicherlich zu einem großen Teil auch darin zu sehen, dass sie sich bis zu einem gewissen Maße auf das traditionell in kulturellen und religiösen Belangen sehr selbstbewusst auftretende China einließen und für eine Anpassung (Akkomodation) eintraten. Alle Fremdreligionen in China bis dahin hatten – wollten sie erfolgreich sein – einen langen Prozess der Veränderung durchgemacht und dabei einen Teil ihrer ursprünglichen Identität verloren. Der Buddhismus und die aus ihm während des nachchristlichen Jahrtausends auf chinesischem Boden entstandene Zen-Religion bietet hierfür ein gutes Beispiel. Der Islam dagegen blieb zumindest im chinesischen Kernland aufgrund seiner relativen Unangepasstheit für lange Zeit ein Fremdkörper und durchlief erst recht spät seit dem 17. Jahrhundert einen Prozess, der ihm zumindest unter einem Teil der chinesischen Elite eine gewisse Attraktivität verlieh. Diesen Hintergrund gilt es bei der Betrachtung des seit dem späten 17. Jahrhundert weithin erörterten und sich über ein Jahrzehnt hinziehenden Ritenstreits zu berücksichtigen. Die Jesuiten hatten mit Rücksicht auf die chinesischen Befindlichkeiten gegenüber den traditionellen Bräuchen, wie dem Ahnenopfer und der Verehrung des Konfuzius, eine vorsichtige Haltung eingenommen. Dabei gingen sie von einer natürlichen Gottesvorstellung der Menschen in China aus und interpretierten die angeführten Bräuche als Formen der Respektbekundung, die nicht im Gegensatz zur christlichen Religionsausübung standen. Fand diese Einschätzung und die mit ihr hervorgekommene Anpassung schon innerhalb des Jesuitenordens selbst keine einhellige Zustimmung, so waren es vor allem die Dominikaner und die Franziskaner, welche eine vollkommen andere Position bezogen, indem sie etwa Zweifel an der chinesischen Gottesvorstellung überhaupt äußerten. Festgemacht wurde die Kritik zum Beispiel an der Frage, welcher Begriff im Chinesischen der zutreffende für Gott sei und ob etwa das schließlich in der katholischen Kirche akzeptierte Wort *tianzhu* (»Himmelsherr«) oder *shangdi* angemessener sei, welches starke Assoziationen an uralte Vorstellungen aus der antiken chinesischen Mythenwelt hervorrief.

Nach einer letztlich unglücklich verlaufenen päpstlichen Legationsreise nach Peking in den Jahren 1705–1706 stellte sich heraus, dass die Jesuiten zwei Herren zu dienen versucht hatten, zwischen deren Auffassungen kein Kompromiss zustande gebracht werden konnte. Weder der Papst noch der chinesische Kaiser fanden eine Einigung in der Frage, wie die chinesischen Christen und ihre Pfarrer den Respekt gegenüber der Orthodoxie zu wahren imstande sein sollten. Die Entscheidung Roms, dass Ahnen- und Konfuziusverehrung unvereinbar mit der christlichen Lehre und als ketzerische Riten zu brandmarken seien, führte letzten Endes 1724 zu einem Verbot des Christentums durch den Yongzheng-Kaiser und zur Ausweisung der Missionare. In der Folge kam es zu Repressalien gegenüber den Christen im ganzen Lande.

Matteo Ricci hat auch viele Bücher auf Chinesisch geschrieben. Wie wichtig sind diese heute noch?
Matteo Ricci hat wirklich sehr viele Bücher geschrieben und auf Chinesisch publiziert. Ein wichtiges Werk von ihm war »Jinzhu-

shixingyu«. Dabei handelt es sich um ein Buch zur Erklärung der Theodizee auf Chinesisch. Es war wichtig für China, diese theologische Frage zu behandeln. Allerdings sind seine Werke für die heutige Priesterausbildung oder allgemein für China nicht mehr relevant. Das hat schon mit der Sprache zu tun. Alle Bücher sind in altem Chinesisch geschrieben, also in Wort und Schrift heute nicht mehr verständlich, gerade für junge Leute. Aber es handelte sich ja auch nicht um große theologische Werke wie zum Beispiel eine *summa theologica* eines Thomas von Aquin, sondern um kleinere Büchlein für seine Arbeit in China. Für China waren diese Bücher sehr wichtig. Allerdings ist das 400 Jahre her. Heute sind sie alle, wenn man so sagen darf, obsolet.

Um nochmals auf Xu Guangqi, den chinesischen Schüler von Matteo Ricci zurückzukommen. Was war das für ein Mensch, wie kann man ihn sich vorstellen?
Er war ein sehr berühmter Gelehrter. Er war auch ein großer Wissenschaftler, ein Astronom und Mathematiker. Er hat eine ganze Enzyklopädie über die damalige Landwirtschaft geschrieben. Zusätzlich hat er viele Bücher aus dem Lateinischen und Italienischen ins Chinesische übersetzt. Wie gesagt, meine Familie hat vor über zehn Generationen für das Haus von Xu Guangqi gearbeitet. Wir waren damals ganz normale Proletarier.

Was sind Ihre Träume und Wünsche für die Entwicklung der römisch-katholischen Kirche in Shanghai in zehn oder fünfzehn Jahren?
Ich bin natürlich kein Prophet. Aber ich wünsche mir, dass die Entwicklung so weitergeht wie bisher. Ein ausländischer Diplomat hat es einmal sehr gut zusammengefasst. Er stellte fest: »Nachdem ich jetzt über 20 Jahre in China war, ist mir klargeworden, dass man nur mit Geduld und Takt in diesem Land etwas erreichen kann«. Das ist absolut richtig. In China gehen wir nicht den direkten Weg, so wie Sie das aus Deutschland kennen: genau ein Ziel definieren und dann den kürzesten und geradlinigsten Weg nehmen, um das

Ziel zu erreichen. Wir in China gehen Umwege, kommen so aber schneller ans Ziel als auf dem direkten Weg. Das ist das Geheimnis unserer Kultur, unseres Landes. Und genau auf diesem Weg werden wir weitergehen.

Exzellenz, Sie sind Bischof von Shanghai. Sie sehen diese moderne Stadt, mit all den Menschen, dem Kommerz, den Versuchungen, den Zukunftsträumen, mit all den Hochhäusern. Was braucht diese Stadt an neuen katholischen Elementen, an neuen Ideen und Initiativen?
Die Regierung erkennt im Moment, dass es nicht genügt, den Menschen zu erlauben, reich zu werden. Jetzt wird versucht, auch wieder die moralischen Werte zu betonen und zu fördern. Denn die alten traditionellen Werte verschwinden im Moment. Daher wird von der Regierung die »Harmonie« und die »harmonische Gesellschaft« als Idealbild propagiert. Genauso wird der Konfuzianismus wieder entdeckt als Gegenstück zum Marxismus. Denn man hat auch hier verstanden, dass reiner Marxismus auch in China nicht funktioniert. Das hat dazu geführt, dass die Religionen nicht nur toleranter behandelt werden, sondern sogar unterstützt werden. Natürlich nicht sehr stark und es darf auch nicht zu schnell gehen. Aber immerhin ist man uns gegenüber freundlicher als noch vor 20 Jahren – sicher ist das auch ein Beitrag der Regierung zu einer harmonischeren Gesellschaft.

Ich wünsche mir natürlich den Aufbau einer Universität. Aber dazu brauchen wir erst einmal die Mittel und das Personal. Das muss jetzt schon etwas vorbereitet werden, damit mein Nachfolger das Projekt eventuell realisieren kann. Dazu brauchen wir dann wieder die Unterstützung aus der ganzen Welt, vor allem auch aus Deutschland, Italien, Frankreich und natürlich die Unterstützung von den Orden, von Jesuiten, Steyler Missionaren. Für eine Universität brauchen wir Milliarden Renminbi an Stiftungskapital. Und wir brauchen Personal, wir brauchen gute Professoren, die mit viel Energie ein solches Projekt vorantreiben könnten.

Sind Sie mit der Entwicklung der Zahl der Katholiken in China zufrie-
den? 1949 waren es ja ca. 3,5 Millionen, 1997 waren es sechs und heute
sollen es ungefähr 15 Millionen sein. Ist das nicht ein bisschen wenig
angesichts von 1,3 Milliarden Chinesen?
Ich bin mit der Entwicklung sehr unzufrieden. Verglichen mit den
Protestanten hinken die Katholiken weit hinterher. Dafür gibt es
viele Gründe: zunächst ist jeder Protestant hier in China missionarisch aktiv. Wir Katholiken dagegen meinen, dass nur der Priester
zum Missionar taugt.

Dazu kommt, dass viele katholische Missionare nicht leiden-
schaftlich genug sind. Zum anderen ist die katholische Kirche in
China ja immer noch in eine Offizielle und in eine Untergrundkirche gespalten. Es hat einmal eine Zeit gegeben, da hat die Untergrundkirche scharfe Angriffe gegen die Offizielle Kirche gerichtet
und etwa behauptet, dass jeder, der eine Offizielle Kirche betrete, in
die Hölle kommen werde. Viele Nicht-Gläubige, die sich vielleicht
auch dafür interessiert haben, katholisch zu werden, haben das
selbstverständlich nicht verstehen können: wie sollte das möglich
sein, dass Katholiken auf der einen Seite von der Liebe reden und
Nächstenliebe predigen, auf der anderen Seite aber ihre gegenseitigen Angriffe und damit die Taten so lieblos bleiben.

Und man darf natürlich nicht vergessen: Wir haben ein Vatikan-
Problem! Die Regierung ist sich einfach der Unterstützung der Katholiken nicht wirklich sicher, da wir ja als Katholiken einen Papst
haben, dem wir Folge leisten müssen. Was würde also passieren,
wenn die Regierung und der Papst einmal komplett Unterschied-
liches sagen? Die große Frage und die große Unbekannte für die
chinesische Regierung ist dann: Wie würden sich die chinesischen
Katholiken in so einer Situation verhalten. Mit so einem Problem
haben sich die Protestanten und damit der Protestantismus in
China nicht zu beschäftigen. Die Protestanten können sich also un-
gebremst ausbreiten, wir haben mit diesen drei großen ungelösten
Fragen eine große Last zu tragen und können uns nicht mit ganzer
Kraft der Mission widmen. In Kapitel 3, Vers 8, sagt der Evange-

list Johannes: »Der Wind weht, wo er will. Du hörst sein Brausen, weißt aber nicht, woher er kommt und wohin er geht. So ist es mit jedem, der aus dem Geist geboren ist«. Das Evangelium erinnert mich immer daran, kein Pessimist zu sein, sondern Gottes Gnade zu vertrauen. Aber nach dem Motto meines Ordensgründers Ignatius müssen wir uns einsetzen, als wenn das Reich Gottes ganz von unserem Einsatz abhängt, dabei aber vertrauen und wissen, dass es alleine aus Gottes Gnade kommt.

Wie wünschen Sie sich das Gottesvolk in China in zehn Jahren? An wen sollte sich die Mission heute besonders richten?
Ich wünsche mir, dass dem Evangelium im alltäglichen Leben ein großer Platz eingeräumt wird. Damit verbunden ist demnach der große Wunsch, dass sich die Offizielle und die Untergrundgemeinde in Einigkeit zusammenschließen, dass sie gemeinsam das Evangelium predigen und in China missionieren und so einen Beitrag zu einer harmonischen Gesellschaft leisten.

Zu einer Mission in großen entwickelten Städten und Gesellschaften, wie wir sie hier bei Ihnen in Shanghai sehen, gehört ja oft auch die intellektuelle Auseinandersetzung mit dem aktuellen Zeitgeist. Wie können Gläubige an die Tradition der hochintellektuellen Auseinandersetzung in der Ming-Dynastie heute anknüpfen?
Als Pater Matteo Ricci zum Ende der Ming-Dynastie nach China kam, hat er nach einem gründlichen Studium der chinesischen Verhältnisse mit der Mission unter Zuhilfenahme des Konfuzianismus begonnen. Xu Guangqi hat es damals so formuliert: Das Christentum ist eine Ergänzung des Konfuzianismus. Später stieß Matteo Riccis Vorgehen auf den Widerstand des Papstes und es kam zu einem Verbot aller Aktivitäten in China. Seither sind nahezu 400 Jahre vergangen. Gleichzeitig mit dem rasanten Wandel auf der ganzen Welt hat sich auch China verändert. Die Kommunistische Partei Chinas hat ihre Politik des Klassenkampfes verändert, sie tritt jetzt für Harmonie ein und lehnt sich dabei an die Lehren des

Konfuzius und des Menzius an. Der Marxismus dient weiterhin mit positiven Aspekten als Quelle der Inspiration, der extreme Liberalismus des Kapitalismus hat zur Finanz- und Wirtschaftskrise unserer Tage geführt. Ich trete dafür ein, dass wir gerade jetzt die frohe Botschaft und die vier Evangelien verbreiten müssen, dass wir die Botschaft Jesu in die Welt und in die Provinzen hinaustragen. Wir müssen den Menschen in China klarmachen, dass die Lehre Jesu nicht nur den Konfuzianismus ergänzt, sondern auch den Marxismus und den Kapitalismus.

Wie werden heute die Ideen der chinesischen Regierung in der Katholischen Kirche aufgenommen? Wird beispielsweise der Ansatz der »Harmonischen Gesellschaft« aufgegriffen?
Die Ansicht der chinesischen Regierung zur Religion hat sich im Laufe der Zeit gewandelt. In den ersten Jahren nach der Gründung der VR China betrachtete man die Religion als Opium für das Volk. Heute ist das anders. Unser Staatspräsident Hu Jintao, dessen Amtszeit im September 2012 zu Ende geht, erklärt beispielsweise, dass die Religion einen nützlichen Beitrag für die Gesellschaft leiste. In China bemüht man sich heute darum, eine harmonische Gesellschaft zu schaffen. Auch wir wünschen uns eine Gesellschaft in Harmonie und Eintracht. Das Modell der »harmonischen Gesellschaft« ist daher auch die Einladung, die gegenseitige Zusammenarbeit weiter zu vertiefen.

Wer macht sich zu solchen Fragen abgesehen von den Bischöfen Gedanken? Welche Rolle spielt hier zum Beispiel die CIAS? Gibt es in Shanghai eine Art von katholischer intellektueller Elite, die am intellektuellen Diskurs in China teilnimmt?
Wir haben die Freundschaftsvereinigung für katholische Intellektuelle in Shanghai ins Leben gerufen, um gerade die katholischen Laien zu aktivieren. Sie haben sich in der Vergangenheit viele Verdienste erworben. Heute ist die Mehrzahl der Mitglieder bereits sehr alt, und wir bemühen uns zurzeit intensiv darum, eine ge-

wisse Verjüngung der Altersstruktur unserer Mitglieder zu erreichen.

Viele junge Menschen gerade in Shanghai befinden sich angesichts von Kommerz, Internet und Internationalisierung in einem »geistigen Vakuum«. Wo können diese Menschen auf das Christentum treffen? Wie versuchen Sie als Bischof diese jungen Leute anzusprechen?
Modernisierung bedeutet meist Verweltlichung und die Huldigung des Materialismus. Dass dem Mammon gehuldigt wird, ist heute eine allgemein verbreitete Erscheinung. Shanghai als eine moderne Stadt ist dafür ein herausragendes Beispiel. Doch der Mensch ist von Geburt an mit der Fähigkeit ausgestattet, über sich selbst hinauszuwachsen. Er kann das Wahre, Gute und Schöne erkennen. Unter einer Herrschaft des Geldes ist mit Sicherheit kein echtes Glück zu finden. Die seelische Leere ist ein allgemeines Phänomen in den modernen Städten. Viele junge Menschen spüren diese innere Leere in der Gesellschaft des Kommunismus, wo die Wirtschaftsmacht das Sagen hat. Sie machen sich auf die Suche nach einem schöneren Leben. Manche von ihnen finden Christus und lassen sich taufen.

Dass moralische und ethische Grundsätze weniger Beachtung finden, hat die Welt in eine Krise geführt. Das chinesische Zeichen für das Wort »Krise« hat zugleich die Bedeutung »Gelegenheit« oder »Chance«. Unsere Zeit bietet wirklich auch eine Gelegenheit, um die Lehre Jesu zu verbreiten. Wir sollten die Gunst der Stunde nutzen. Wir haben hierfür schon eine Reihe von Anstrengungen unternommen, auch indem wir die Priester ständig ermutigen, das Evangelium noch offener zu predigen. Darüber hinaus haben die Veröffentlichungen unseres Guangqi-Verlags eine Gesamtauflage von mehr als vier Millionen erreicht. Zudem bieten wir Katechesen für Laien an, um sie noch besser in der Missionsarbeit auszubilden.

Von staatlicher Seite wird eine starke Rückbesinnung auf Konfuzius propagiert. Birgt das nicht die Gefahr, als christliche Glaubensgemeinschaft überflüssig zu werden, wenn das »geistige Vakuum« wieder komplett mit rein chinesischen Inhalten gefüllt wird?

Dass man in China eine neue Sichtweise auf Konfuzius gewonnen hat, ist gut. Die Menschlichkeit, von der Konfuzius spricht, ist jedenfalls besser als die Ideen vom Klassenkampf. Ich wünsche mir von Herzen, dass die Menschen in China die Menschlichkeit auch wirklich leben und mit Leben erfüllen. Nachdem Matteo Ricci in China eingetroffen war, trat er dafür ein, die Lehren des Konfuzius mit dem Christentum zu verbinden. Im Altertum hieß es, dass jeder Text die allgemeinen menschlichen Ansichten und kosmischen Prinzipien auszudrücken habe. Ich bin der Meinung, dass der Konfuzianismus diese Prinzipien ausdrückt. Indem er die allgemeinen menschlichen und kosmischen Grundsätze transportiert, kann er zum Christentum führen. Xu Guangqi ging davon aus, dass der Konfuzianismus die Lehren des Konfuzius und des Menzius umfasse. Er führte aus, beide sprächen nur vom Menschen, nicht vom Himmelreich, also nur von der Welt der Gegenwart, nicht von der Welt der Zukunft, und der Mensch wachse so nicht über sich selbst hinaus. Daher kann das Christentum den Konfuzianismus ergänzen. Diese Ansicht teile ich voll und ganz.

Sind eigentlich junge Katholiken aus Ihrem Bistum zu den internationalen Weltjugendtagen geflogen?

Unsere Diözese Shanghai hat leider keine Jugendlichen oder Jugendvertreter zur Teilnahme organisiert. Der Weg war zu weit, die Kosten zu hoch, dies war von der Diözese nicht zu leisten. Dafür haben wir 2008 wenigstens einen ersten guten Weltjugendtag in unserer Diözese gefeiert.

Im Mai 2008 gab es in China in der Provinz Sichuan ja ein sehr schweres Erdbeben. Wie hat die Kirche vor Ort in dieser schwierigen Zeit den Menschen helfen können? Sind die Strukturen der chinesischen Cari-

tas schon stark genug gewesen, um dort unterstützend eingreifen zu können?

Das Gebiet des Erdbebens, in dem es zu Zerstörungen kam, umfasste eine Fläche, die weit größer als Deutschland ist. Es ist zu mehr als 100 Nachbeben gekommen, davon nicht wenige in einer Stärke von über sechs auf der Richterskala. Die Zahl der Toten und Verwundeten war enorm, das Erdbeben hat die ganze Menschheit erschüttert. In ganz China entstand eine Welle der Solidarität, man spürte eine starke Einigkeit. Die Katastrophenhilfe aus aller Welt brachte zum Ausdruck, wie eng das Schicksal der Menschheit miteinander verknüpft ist. Wir sind den Freunden in aller Welt sehr dankbar. Die Diözese Shanghai half nach Kräften, zuerst wurden Spenden in Höhe von 2 Mio. RMB gesammelt *[entsprach ca. 200.000 Euro]*, später haben wir Priester und Nonnen entsandt, um ein besseres Bild von der Katastrophe zu gewinnen und konkrete Hilfsmaßnahmen vorzubereiten. Wir schickten auch Nonnen in die Provinz Gansu und gaben dort die Zusage, bei der Wiedererrichtung der Kirchen behilflich zu sein. Auch von Jinde Charities in Hebei wurden Mitarbeiter in das Katastrophengebiet entsandt. Die Zahl der chinesischen Katholiken beträgt weniger als ein Prozent der chinesischen Bevölkerung. Die Mehrzahl der Diözesen in den entfernteren Provinzen ist sehr arm und besitzt nur geringe Kräfte. Zwar haben wir in Shanghai das Gesellschaftliche Dienstleistungszentrum Guangqi – das ist etwas wie eine Caritas im Kleinen. Da es auch hier an Mitteln fehlt, konnte das Dienstleistungszentrum nur in geringem Umfang Katastrophenhilfe leisten. Wir hoffen aber, dass es in Shanghai weiter wächst und wir zukünftig in großem Umfang den Menschen in Not helfen können.

Sie haben einmal gesagt, dass für die Entwicklung der Kirche in China drei Faktoren wichtig sind: die Familien als Keimzellen des Glaubens, das Gebet der Weltkirche für die Kirche in China und die Führung Mariens als Schutzpatronin Chinas. Hat sich daran etwas geändert?
Ich habe in der Tat etwas Ähnliches gesagt. Damit meinte ich haupt-

sächlich die katholische Kirche Chinas in der Zeit der Kulturrevolution. Den gläubigen Familien gebührt mein allertiefster Respekt, dass sie den Glauben behalten haben und ihre Kinder im Glauben erzogen und so einen enorm wichtigen Beitrag für die Kirche und die Gesellschaft geleistet haben. Mehr als 30 Jahre sind seitdem vergangen, die Zeiten haben sich geändert. Die Modernisierung hat zu Weltlichkeit und Materialismus geführt. Auch die Herzlichkeit und Hingabe vieler moderner katholischer Familien hat nachgelassen. Zudem ist der Einfluss der Eltern auf ihre Kinder viel schwächer geworden. Kinder und Eltern leben oft getrennt voneinander. Gerade auch in Bezug auf die modernen Lebensentwürfe hat sich eine große Kluft zwischen den Generationen gebildet. Daher gehe ich davon aus, dass es auch in Zukunft zu großen Konflikten kommen wird. Die Weitergabe des Glaubens in den Familien spielt nicht mehr die Rolle wie vor 30 Jahren. Es ist daher unsere kirchliche Aufgabe, schwerpunktmäßig die Jugendlichen und die Kinder zum Glauben zu erziehen und sie anzuleiten, die Bibel zu studieren. Vor allem müssen sie sich mit der Lehre Jesu, also dem Neuen Testament vertraut machen.

Die beiden anderen Punkte sind von gleichbleibender Wichtigkeit: Das Gebet der Weltkirche für unsere Kirche in China und die Führung Mariens als Schutzpatronin Chinas bleiben wesentliche Stützen für die Evangelisierung in China.

Glossar – Namen und Begriffe

HL. MARGARETA MARIA ALACOQUE (1647–1690), die französische Mystikerin und Schwester des Salesianer-Ordens in Paray-le-Monial, wurde nach Visionen eine eifrige Förderin der Herz-Jesu-Frömmigkeit. Obwohl ihre mystischen Fähigkeiten teilweise misstrauisch von anderen Ordensangehörigen beäugt wurden, hatte Margareta Maria auch immer wieder das Glück, angesehene Förderer zu finden. Hier ist an erster Stelle der Jesuit Claude de la Colombière (1641–1682) zu nennen, der als Oberer in Lyon und Paray-le-Monial wirkte. Das Herz-Jesu-Fest wurde erst lange nach Margareta Marias Tod im Jahre 1856 von Papst Pius IX. für die ganze katholische Kirche eingeführt.

PEDRO ARRUPE SJ (1907–1991), der spanische Ordensgeistliche leitete von 1965 bis 1981 als Generaloberer den Jesuitenorden.

AURORA-UNIVERSITÄT, auch bekannt unter der französischen Bezeichnung UNIVERSITÉ DE L'AURORE. Im Jahre 1903 unter maßgeblicher Beteiligung des chinesischen Jesuiten Ma Xiangbo 马相伯 (1840–1939) in Shanghai gegründet. Als sich Ma 1905 mit den Jesuiten zerstritt, verließen chinesische Lehrkräfte die Universität und gründeten die Fudan-Universität. 1952 wurde die Aurora-Universität aufgelöst, auf dem Gelände befindet sich heute die Zweite Medizinhochschule Shanghais.

TARCISIO KARDINAL BERTONE (geb. 1934) ist amtierender Kardinalstaatssekretär im Vatikan und nach dem Papst der wichtigste Mann der römischen Kurie.

BISCHOF LEOPOLD BRELLINGER SJ (1893–1967), 1947 zum Bischof von Jingxian in Hebei ernannt.

ERZBISCHOF CLAUDIO MARIA CELLI (geb. 1941), 2007 zum Präsidenten des Päpstlichen Rates für Soziale Kommunikation ernannt.

BISCHOF JOSEPH CHEN GONG'AO 陈功鳌 (geb. 1964) wurde mit Zustimmung des Vatikans und der chinesischen Regierung am 19. April 2012 zum Bischof der Diözese Nanchong in Sichuan geweiht. Die Zeremonie wurde allerdings durch die Anwesenheit des exkommunizierten Bischofs Paul Lei Shiyin gestört. Bischof Chen hatte 1988 sein Studium am Katholischen Seminar von Sichuan abgeschlossen und 1990 die Priesterweihe empfangen.

CHENGHUANGMIAO, Stadtgott-Tempel, taoistischer Tempel im Zentrum Shanghais, wo die historische Schutzgottheit Qin Yubo (1295–1373) verehrt wird.

CELSO BENIGNO LUIGI COSTANTINI (1876–1958), 1922 zum ersten Apostolischen Delegaten für China ernannt. Während seines Aufenthalts in China rief er 1924 die erste Bischofskonferenz in Shanghai ein und half bei der Gründung der katholischen Furen-Universität. Darüber hinaus unterstützte er die Schaffung einer indigenen katholischen Priesterschaft sowie den Aufbau örtlicher Seminare. Von Papst Pius XI. 1935 zum Sekretär der Kongregation für die Evangelisierung der Völker ernannt, 1953 Aufnahme in das Kardinalskollegium.

DENG XIAOPING 邓小平 (1904–1997), chinesischer Politiker, der von Mao Zedong mehrmals ins Abseits gestellt wurde und kurze Zeit nach Maos Tod 1976 die Führungsrolle in Staat und Partei übernahm. Zwischen 1920 und 1926 studierte und arbeitete Deng wie zahlreiche andere Mitglieder der späteren KP-Führung in Frankreich. Als wesentliches Verdienst Dengs wird heute die Einleitung der Reformperiode 1978 angesehen. Unter seiner Führung, die durch einen wirtschaftlichen Pragmatismus unter Beibehaltung des politischen Führungsanspruchs der Kommunistischen Partei

Chinas gekennzeichnet war, entwickelte sich China zu einer der am schnellsten wachsenden Volkswirtschaften der Welt.

PAOLO KARDINAL DEZZA (1901–1999), zwischen 1941 und 1951 Rektor der Päpstlichen Universität Gregoriana und ab 1981 Delegat des Jesuitenordens.

MATTHIAS DUAN YINMING 段荫明 (1908–2001), seit 1949 Bischof der Diözese Wanxian in Sichuan. Zu Beginn der Kulturrevolution 1966 verhaftet und für sieben Jahre in ein Arbeitslager gesperrt. Im Jahre 1980 wieder als Bischof der Diözese Wanxian tätig.

ROGER MARIE ÉLIE KARDINAL ETCHEGARAY (geb. 1922), 1970 bis 1985 Erzbischof von Marseille, von Papst Johannes Paul II. 1979 als Kardinalpriester in das Kardinalskollegium aufgenommen. Besuchte 1980 als einer der ersten Kardinäle die VR China. 1984 zum Präsidenten des Päpstlichen Rates ernannt. 2005 als Subdekan des Kardinalskollegiums bestätigt. Etchegaray erwarb sich Verdienste bei der Vermittlung zwischen Konfliktparteien in internationalen Krisenherden. Als Sondergesandter des Papstes u. a. in Sarajewo, Mosambik und Irak.

JOSEPH FAN XUEYAN 范学淹 (1907–1992), Bischof von Baoding und lange die führende Persönlichkeit in der Untergrundkirche. Als Fan 1992 unter mysteriösen Umständen starb, kamen mehrere zehntausend Menschen zu seiner Beerdigung.

JOSEPH FAN ZHONGLIANG SJ 范忠良 (geb. 1918), Shanghaier Untergrundbischof. 1955 mit den Geistlichen um Gong Pinmei und Jin Luxian festgenommen und zu 20 Jahren Gefängnis verurteilt. Nach Ablauf der Haft verblieb Fan ab 1978 weiterhin in einem Arbeitslager in Qinghai. Nach dem Tode Gong Pinmeis übernahm Fan dessen Bischofsamt für die Diözesen Shanghai und Nanjing, doch wurde dies von der chinesischen Regierung nicht anerkannt.

Fernando Kardinal Filoni (geb. 1946) ist Kurienkardinal und im diplomatischen Dienst des Vatikan tätig. Filoni verübte seine Diensttätigkeit in zahlreichen Apostolischen Nuntiaturen weltweit und gilt als Experte u. a. für China und den Nahen und Mittleren Osten.

Ignatius Gong Pinmei 龔品梅 (1901–2000), 1949 zum Bischof geweiht, übernahm Gong 1950 das Bischofsamt für Shanghai, Suzhou und Nanjing. Nach Abbruch der Beziehungen der VR China mit dem Vatikan 1951 weigerte sich Gong, der Patriotischen Kirche Chinas beizutreten und wurde 1955 zusammen mit mehr als 30 Priestern und 300 katholischen Laien in Shanghai verhaftet. 1960 verurteilte man ihn unter dem Vorwurf der Anführung einer konterrevolutionären Gruppe zu lebenslanger Haft. 1985 zunächst auf Bewährung entlassen, erhielt Gong 1988 seine Bürgerrechte zurück und lebte seitdem in den USA. 1979 Ernennung zum Kardinal, doch konnte er das Amt erst 1991 annehmen.

Franz Kardinal Hengsbach (1910–1991), erster Bischof von Essen, seine Ernennung zum Kardinal wurde im Mai 1988 von Papst Johannes Paul II. bekannt gegeben.

Jerome Heyndrickx von der Kongregation vom unbefleckten Herzens Mariens, erschuf das Taiwan Pastoral Institute und war Gründungsdirektor der Ferdinand Verbiest-Stiftung an der Katholischen Universität Leuven in Belgien. Ziel der Stiftung ist u. a. die Vertiefung der Zusammenarbeit mit China. Darüber hinaus ist Heyndrickx Mitglied des Verwaltungsrates des in der Diözese Hongkong angesiedelten Holy Spirit Study Centre, welches 1980 von Kardinal Wu ins Leben gerufen worden ist.

Joseph Kardinal Höffner (1906–1987), von 1962–1969 Bischof von Münster und von 1969–1987 Erzbischof von Köln.

BISCHOF JOSEF HOMEYER (1929–2010), 1971 wurde er zum Päpstlichen Hausprälaten ernannt, von 1972 bis 1983 Sekretär der Deutschen Bischofskonferenz. Papst Johannes Paul II. ernannte Homeyer 1983 zum Bischof von Hildesheim, sein Rücktrittsgesuch wurde 2004 von Papst Johannes Paul II. angenommen. Homeyer hat sich besonders um die deutsch-polnische Aussöhnung verdient gemacht. Im Jahre 1997 besuchte er China.

HUA GUOFENG 华国锋 (1921–2008), nach Maos Tod und der Entmachtung der »Viererbande« KP-Chef, Vorsitzender der Militärkommission und Ministerpräsident.

JARDINE MATHESON, berühmtes britisches Unternehmen, das 1832 in Kanton gegründet wurde und im 19. Jh. vor allem mit dem Handel von Tee und Seide zu Wohlstand gelangte und stark am Ausbruch des Opiumkriegs 1839 beteiligt war. Der heutige Mischkonzern ist in den Bereichen Immobilien, Finanzdienstleistung, Reederei, Energie usw. tätig.

WALTER KARDINAL KASPER (geb. 1933), 2001 bis 2010 Kurienkardinal und Präsident des Päpstlichen Rates zur Förderung der Einheit der Christen.

KATHOLISCHE AKTION bezeichnet die in den 1920er Jahren von Papst Pius XI. betriebene Aufwertung der Aktivitäten katholischer Laien in Kirche und Gesellschaft. Sie kam vor dem Hintergrund der Erfahrungen des Ersten Weltkriegs vor allem in Europa zum Tragen.

THOMAS VON KEMPEN (um 1380–1471), der 1399 in das Kloster von Agnetenberg eintrat und dort bis zu seinem Tod lebte, widmete sich über viele Jahre hinweg der Ausbildung der Novizen. Aus dieser Tätigkeit ist die Schrift »Die Nachfolge Christi« hervorgegangen, die sich großer Popularität erfreute.

ANDREAS KIM TAEGON (1821–1846), erster katholischer Priester Koreas und als erster Märtyrer aus Korea heiliggesprochen. Während der Joseon-Dynastie (1392–1910) wurde Kim wie viele Christen verfolgt und 1846 hingerichtet. Die Heiligsprechung erfolgte im Jahr 1925.

PETER-HANS KOLVENBACH SJ (geb. 1928), von 1983–2008 Superior General der Jesuiten. Machte sich als Gelehrter der orientalischen Germanistik einen Namen, lehrte zwischen 1963 und 1981 in den Niederlanden, Frankreich und im Libanon.

HANS KÜNG (geb. 1928), bekannter Theologe und Autor, seit 1960 Professor in Tübingen. Mit der Infragestellung der Unfehlbarkeit des Papstes stellte sich Küng gegen die Tradition, 1980 wurde ihm die kirchliche Lehrerlaubnis entzogen. Küng ist Initiator und Präsident der Stiftung Weltethos, die sich mit Vertretern aller Religionen über Prinzipien des Weltethos verständigt.

BISCHOF JOSÉ LAI HUNG-SENG 黎鴻昇 (geb. 1946), seit 2003 Bischof von Macau und als erster makkanesischer Bischof überhaupt auch ebendort geboren.

BERNARD FRANCIS KARDINAL LAW (geb. 1931), ehemaliger Erzbischof von Boston.

BISCHOF ANTONIUS LI DU'AN 李笃安 (1927–2006), seit 1987 Bischof von Xi'an, ab 1954 immer wieder inhaftiert, verbrachte Bischof Li 19 Jahre im Gefängnis und wurde erst 1979 freigelassen. Aufgrund seiner herausragenden Stellung spielte Bischof Li eine wichtige Rolle bei der Gestaltung der Beziehungen zwischen China und dem Vatikan.

LIU BAINIAN 刘柏年 (geb. 1943), 1992 bis 2010 stellv. Vorsitzender der Patriotischen Katholischen Vereinigung China, galt nach der

Erkrankung von Bischof Fu Tieshan, dem Vorsitzenden der Vereinigung, als der starke Mann der offiziellen Vereinigung der Katholiken und hat mit seinen willkürlich vorgenommen Priesterweihen zahlreiche Anhänger in den Untergrund getrieben. Ehrenpräsident der »Patriotischen Vereinigung«.

LIU XINHONG 刘新虹 (geb. um 1945), seit Mai 2006 Bischof von Wuhu, doch hatte der Vatikan schon im Vorfeld aufgrund der Nähe Lius zur Kommunistischen Partei die Anerkennung der Weihe abgelehnt. Als die Weihe dann schließlich auf Druck durch die Staatsführung hin vorgenommen wurde, kam es zu einer Exkommunikation durch die römisch-katholische Kirche.

HENRI KARDINAL DE LUBAC (1896–1991), Angehöriger des Jesuitenordens, wurde 1983 von Papst Johannes Paul II. in das Kardinalskollegium aufgenommen. Mit seinem der »Neuen Theologie« zuzurechnenden Werk beeinflusste Lubac u. a. Theologen wie Rahner, Ratzinger, Lehmann und Kasper.

THADDÄUS MA DAQIN 马达钦 gebürtiger Shanghaier, Absolvent des Priesterseminars in Sheshan und Leiter des zur katholischen Kirche in Shanghai gehörenden Guangqi-Verlags. Seit 2008 Mitglied der Politischen Konsultativkonferenz von Shanghai. Hinweisen der Kirche ist seit Ende Mai 2012 zu entnehmen, dass der bisher eine Pfarrei im Shanghaier Ostbezirk von Pudong leitende über vierundvierzig Jahre alte Ma in Kürze den bisherigen Weihbischof Xin Wenzhi in seinem Amt ablösen soll. Nach Auskünften von katholischen Medien wird Ma seit Juli 2012 unter Arrest gehalten, nachdem er bei seiner Weihe zum Weihbischof von Shanghai seinen Austritt aus der Katholischen Patriotischen Vereinigung erklärt hatte.

JOSEPH MA YINGLIN 马英林 (geb. 1965), seit Ende April 2006 Bischof des Bistums Kunming und Mitglied des Volkskongresses. Das Beharren der »Patriotischen Vereinigung« auf der Weihe und die

Ablehnung durch Rom führten zur Exkommunikation. Präsident der Chinesischen Bischofskonferenz.

MAH-JONG ist ein chinesisches Gesellschaftsspiel für 4 Personen.

MAO ZEDONG 毛泽东 (1893–1976), führender chinesischer Politiker, der nach der Gründung der VR China 1949 die Politik des Landes nahezu 30 Jahre lang beherrschte. Maos stark an ideologischen Grundsätzen orientierte Führung stellte den Grund für zahlreiche politische, gesellschaftliche und wirtschaftliche Krisen in den 50er und 60er Jahren dar, die erst nach seinem Tod behoben werden konnten.

MARYKNOLL FATHERS, von den US-amerikanischen Bischöfen 1911 gegründete Missionsgesellschaft, die nach dem Ersten Weltkrieg über Hongkong kommend ihre Missionsarbeit zunächst in China, später in Korea und ab dem Zweiten Weltkrieg auch in Südamerika verrichtete.

JOACHIM KARDINAL MEISNER (geb. 1933), seit 1989 Erzbischof von Köln.

GEORG MEISTERMANN (1911–1990), Maler, Zeichner und Graphiker, gestaltete an zahlreichen Orten kirchliche und profane Glasfenster.

JOHANNES VON MONTECORVINO (1246–1328), als Angehöriger des Franziskanerordens wurde Johannes 1279 zunächst als Missionar nach Armenien und Persien geschickt und zehn Jahre später vom Papst zur Verrichtung von Missionsarbeit an den chinesischen Hof entsandt. Nach seinem Eintreffen in Peking im Jahre 1294 ließ Johannes die ersten christlichen Kirchen erbauen.

GEORG MOSER (1923–1988), Bischof der Diözese Rottenburg-Stuttgart von 1975 bis 1988.

NESTORIANER, der seit dem 5. Jahrhundert n. Chr. aufgekommene Nestorianismus verbreitete sich über Zentralasien auch bis nach China. Eine in der westchinesischen Stadt Xi'an aufgefundene Stele aus dem 8. Jh. gibt Auskunft über die frühen Einflüsse dieser christlichen Bewegung im Reich der Mitte.

PI SHUSHI 皮漱石 (1897–1978), Erzbischof von Shenyang und aus der Provinz Liaoning stammend, war Pi der erste Vorsitzende der Vereinigung Patriotischer Katholiken Chinas. Als er 1949 Erzbischof von Shenyang wurde, war er der vierte Erzbischof von China überhaupt. 1956 nahm er an den Vorbereitungen zur Schaffung der Vereinigung Patriotischer Katholiken Chinas teil, deren Vorsitz er ein Jahr später übernahm. Mit dem Vatikan hielt er rein religiöse Verbindungen aufrecht.

MANFRED PLATE (1929–2007), langjährig Chefredakteur und von 1988 bis 2005 als Herausgeber der Wochenzeitschrift »Christ in der Gegenwart« tätig, veröffentlichte zahlreiche Bücher zu Religion und Kirche. Im Jahre 1982 erhielt er den Katholischen Journalistenpreis, 1995 den Ökumenischen Preis der Katholischen Akademie in Bayern. Papst Johannes Paul II. ernannte ihn 1999 zum Ritter des Silvesterordens.

KARL RAHNER SJ (1904–1984), einer der einflussreichsten deutschen Theologen des 20. Jh. Als Schüler Martin Heideggers bemühte sich Rahner um die Verbindung der theologischen Tradition mit dem Denken der Moderne. Er beeinflusste mit seiner Theologie maßgeblich das 2. Vatikanische Konzil.

ERZBISCHOF ANTONIO RIBERI (1897–1967), ein vatikanischer Diplomat, der von 1946 bis zu seiner Ausweisung im Jahre 1951 als Apostolischer Nuntius in China arbeitete.

MATTEO RICCI (1552–1610), italienischer Jesuit und erster europäischer Christ, dem seit der früh-mittelalterlichen Zeit das Recht gewährt wurde, auf chinesischem Boden zu leben. Im Jahre 1601 erhielt Ricci die kaiserliche Erlaubnis, in Peking eine Missionsstation einzurichten, und legte damit die Grundlage für die erfolgreiche, wenngleich in Kirchenkreisen nicht unumstrittene Arbeit seines Ordens in China für die nächsten eineinhalb Jahrhunderte. Seine profunden Kenntnisse in der Astronomie, Kartographie, Musik und Philosophie machten ihn in Verbindung mit einer außerordentlichen Sprachbegabung zu einem gefragten Gesprächspartner der chinesischen Elite. Trotz seiner Verankerung in der katholischen Kirche und seinen Missionsanstrengungen wird Ricci mittlerweile auch in China aufgrund seines Kontaktes zu zeitgenössischen Gelehrten wie Xu Guangqi als eine zentrale Gestalt des frühen Kulturkontaktes zwischen China und dem Westen angesehen.

CRESCENZIO KARDINAL SEPE (geb. 1943), empfing 1992 die Bischofsweihe, 2001 Aufnahme in das Kardinalskollegium. Von Benedikt XVI. 2006 zum Erzbischof von Neapel ernannt.

BISCHOF PAUL SHAN GUOXI 单国玺 (1923–2012), lebte auf Taiwan und war ab 1980 Bischof von Hualian und ab 1991 Bischof von Gaoxiong. Im Jahre 2006 zog er sich aus Altersgründen von seinen geistlichen Ämtern zurück.

SHESHAN ist die höchste Erhebung Shanghais im Bezirk Songjiang. Die dort befindliche Kathedrale der heiligen Mutter war Sitz des Shanghaier Bischofs. Heute befindet sich dort das Priesterseminar.

JAIME LACHICA SIN (1928–2005), von 1974–2003 Erzbischof von Manila, seit 1976 Kardinal. Einflussreiche Persönlichkeit im Vatikan, die 1986 entscheidend mitwirkte am Sturz von Ferdinand Marcos und der Einsetzung von Corazon Aquino. Sin besuchte seit 1984 mehrfach die VR China.

JOZEF KARDINAL TOMKO (geb. 1924), in der Slowakei geboren, erhielt 1979 von Papst Johannes Paul II. die Bischofsweihe und wurde 1985 als Kardinaldiakon in das Kardinalskollegium aufgenommen. Von 2001 bis 2007 war er Präsident des Päpstlichen Komitees für die Eucharistischen Weltkongresse.

JOHN TONG HON 汤汉 (geb. 1939), übernahm 2009 das Amt als Bischof von Hongkong und wurde im Februar 2012 Kardinal. Tong ist immer wieder für eine größere religiöse Freiheit in China eingetreten. In seiner Weihnachtsmesse 2010 rief er die chinesische Regierung zur Freilassung des chinesischen Friedensnobelpreisträgers Liu Xiaobo auf und forderte die Freilassung inhaftierter Mitglieder der Untergrundkirche Chinas.

FRIEDRICH KARDINAL WETTER (geb. 1928), Nachfolger von Josef Kardinal Ratzinger, von Papst Johannes Paul II. 1982 zum Erzbischof von München und Freising ernannt. Im Mai 1985 Aufnahme in das Kardinalskollegium.

WU JINGXIONG 吴经熊 (1899–1986), promovierter Jurist, der sich als Übersetzer und einer der Hauptverfasser der Verfassung der Republik China einen Namen machte. Ursprünglich ein Protestant, trat Wu nach einem Aufenthalt an der Aurora-Universität in Shanghai im Jahre 1937 zum Katholizismus über. Er wurde 1946 bevollmächtigter Vertreter der Kuomintang-Regierung im Vatikan.

BISCHOF JOSEPH WU QINJING 吴钦敬 (geb. 1968), ist Untergrundbischof der Diözese Zhouzhi (Stadt Xi'an) in der Provinz

Shaanxi. Wu hatte sich immer wieder dem Eintritt in die Patriotische Vereinigung verweigert, vom Vatikan wurde er 2005 zum Bischof ernannt. In den folgenden Jahren ist Wu regelmäßig von den Polizeibehörden drangsaliert worden.

FRANZ XAVER (1506–1552), der spanische Geistliche war ein Freund des Ignatius von Loyola und neben diesem einer der Gründungsväter des 1534 geschaffenen Jesuitenordens. Als Gesandter des Papstes kam Xaver 1541 in die portugiesische Kolonie Westindien, missionierte zunächst unter den Einheimischen und später im übrigen Indien. Ab 1545 vorübergehend missionarisch in Malakka und Japan tätig, unternahm er 1552 eine Missionsreise nach China, doch wurde ihm die Einreise verweigert. Xaver starb auf einer dem südchinesischen Festland vorgelagerten Insel und wurde 1622 heiliggesprochen.

XIE SHOUKANG 谢寿康 (1894–1974), erster chinesischer Gesandter am Vatikan. Chen hatte an der Peking-Universität studiert, bevor er sein Studium in Belgien und Frankreich fortsetzte. Seine 1942 aufgenommene Tätigkeit als Gesandter am Vatikan dauerte bis 1946. Ende der 1940er Jahre wohnte Xie vorübergehend in den USA, bevor er nach Taiwan übersiedelte. Im Jahr 1954 entsandte ihn die taiwanesische Regierung ein weiteres Mal nach Rom, wo er bis 1967 blieb und dann nach Taiwan zurückkehrte.

JOSEPH XING WENZHI 邢文之 (geb. 1963), 2005 von Papst Johannes Paul II. zum Weihbischof im Bistum Shanghai ernannt. Anerkennung sowohl von Papst Benedikt XVI. wie auch der chinesischen Regierung. Xing ist Ende 2011 auf eigenen Wunsch von seinem Amt als Weihbischof zurückgetreten.

XU GUANGQI 徐光启 (1562–1633), ein großer Gelehrter, der als einer der Besten aus den Palastprüfungen hervorging und gegen Ende seines Lebens bis zum Kaiserlichen Großsekretär aufstieg. Xu war früh mit den Jesuiten um Matteo Ricci in Kontakt gekommen, er ließ sich 1603 auf den Namen Paulo taufen und nahm den christlichen Glauben an. Die wissenschaftlichen Kenntnisse, die Xu sich mit Hilfe der Jesuiten aneignete, führten u. a. zu einer Überarbeitung des chinesischen Kalenders.

XUJIAHUI ist ein Stadtteil von Shanghai.

YU-GARTEN ist ein traditioneller chinesischer Garten aus dem 16. Jh. im Zentrum der Shanghaier Altstadt.

JOSEPH KARDINAL ZEN ZE-KIUN 陈日君 (geb. 1932), von 1978 bis 1983 war Zen Provinzial der Salesianerprovinz von Hongkong, Macao, Taiwan und Festlandchina. Im Jahre 2002 zum Bischof von Hongkong ernannt, 2006 Aufnahme in das Kardinalskollegium. Kardinal Zen trat stets als Kritiker der kommunistischen Regierung Chinas und der Stadtregierung Hongkongs in Erscheinung. Gegenüber China nimmt Kardinal Zen eine kompromisslose Haltung ein und wurde mehrfach von der chinesischen Regierung mit Einreiseverboten belegt.

ZHANG JIASHU 张家树 (1893–1988), erster von der Diözese Shanghai selbst ernannter Bischof. Nach Studien in England (ab 1911) während eines längeren Auslandsaufenthaltes in den 1920er Jahren Arbeit als Geistlicher für die chinesische Auslandsgemeinde. 1955 gemeinsam mit Gong Pinmei und anderen verhaftet, 1960 von Shanghaier Geistlichen zum offiziellen Bischof ernannt und von Erzbischof Pi aus Shenyang geweiht. Nach seiner Begnadigung 1979 übernahm Zhang 1980 den Vorsitz der neu gegründeten Vereinigung chinesischer Katholiken.

ZHANG KEXING 张克兴 (1914–1988), Bischof der in der Mongolei liegenden Diözese Xiwanzi, welche Gebiete der Inneren Mongolei

und Hebeis umfasst. Nach dem Tod des Belgiers Leone Giovanni
M. De Smedt leitete Zhang ab 1951 die Diözese.

BISCHOF JOSEPH ZONG HUAIDE 宗怀德 (1917–1997), Vorsitzender der offenen Chinesischen Bischofskonferenz, der seit 1980 auch
der Vorsitzende der Patriotischen Vereinigung der Chinesischen Katholischen Kirche war. Zudem Mitglied der Politischen Konsultativkonferenz des Chinesischen Volkes. Als einer der ersten ohne die
Zustimmung des Vatikan geweihten Bischöfe leitete er ab 1958 die
Diözese Zhoucun.

Die Autoren

BISCHOF ALOYSIUS JIN, 1916 in eine christliche Familie geboren, trat 1945 in den Jesuitenorden ein. Studium in Rom und Freundschaft mit Karl Rahner und Hans Küng. 1955 Verhaftung, danach 27 Jahre Gefängnis und Arbeitslager. 1985 wurde er zum Bischof von Shanghai ernannt.

ALEXA VON KÜNSBERG, 34, ist seit 2007 Vorstand der Benedictus Stiftung. Die Diplom-Kauffrau und Politologin war wissenschaftliche Mitarbeiterin im Deutschen Bundestag und in der Unternehmens- und Politikberatung tätig.

DOMINIK WANNER, 35, ist Gründer und CEO des internationalen Bildungsanbieters CBL International. Ferner ist er als Rechtsanwalt in Shanghai tätig. Er lebt seit 2006 in Shanghai und unterrichtet seit 1997 an der Tongji-Universität Shanghai sowie in Dubai und Oxford Internationales Recht und Interkulturelles Management. Von 2004 bis 2006 war er Sprecher und Berater des Bischofs von Regensburg sowie Leiter der Bischöflichen Presse- und Medienabteilung Regensburg.

Privatdozent Dr. THOMAS ZIMMER, 53, ist Sinologe. Thomas Zimmer hat nach seinem Studium in China während der 80er Jahre geraume Zeit an der Universität Bonn unterrichtet und geforscht. Seine Arbeitsschwerpunkte sind die Kultur und Literatur Chinas. Zwischen 2003 und 2009 war er als Vizedirektor des Chinesisch-Deutschen Hochschulkollegs an der Tongji-Universität in Shanghai mit der Leitung eines deutsch-chinesischen Bildungsjointventures beschäftigt. Seit Herbst 2009 nimmt er die Vertretung des neu eingerichteten Lehrstuhls Kultur Chinas an der Universität zu Köln wahr.